U0931828

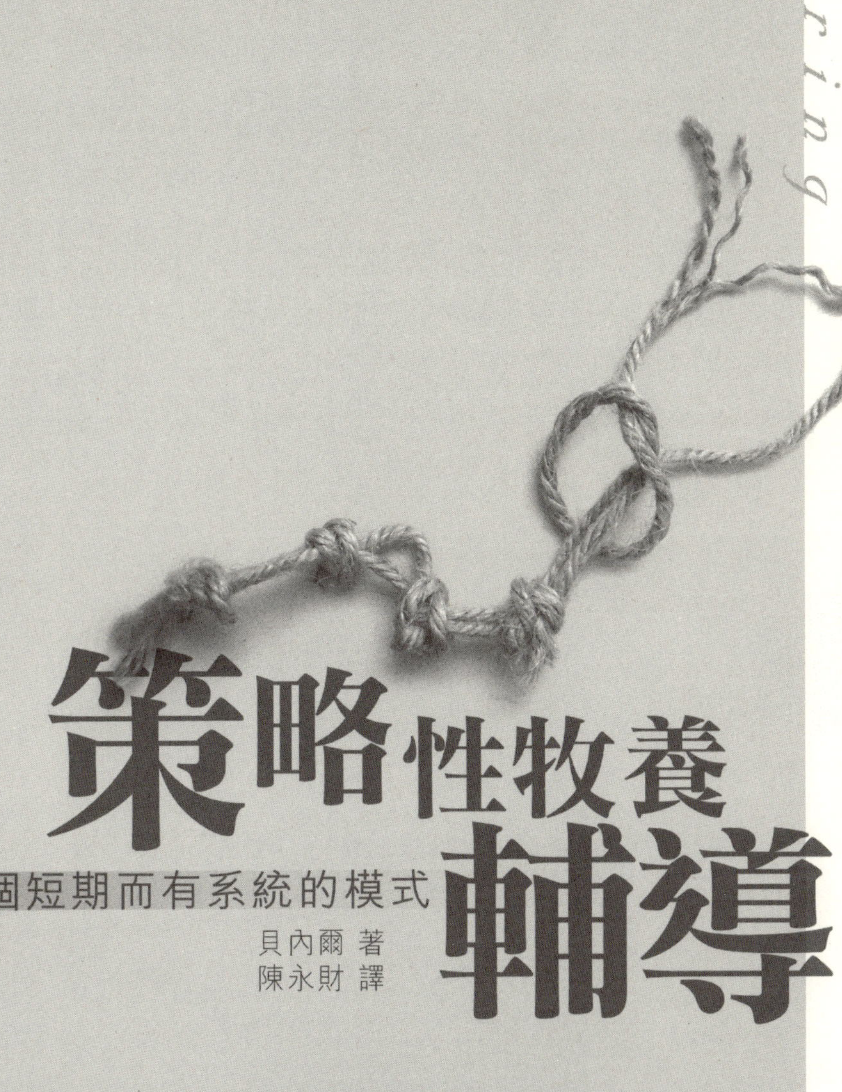

策略性牧養輔導

一個短期而有系統的模式

貝內爾 著
陳永財 譯

基道出版社

▼

Caring 系列

策略性牧養輔導

一個短期而有系統的模式

Strategic Pastoral Counseling

A short-Term Structured Model

作者
貝內爾 David G. Benner

譯者
陳永財

責任編輯
何敏璇

裝幀設計
莫可雅

■

出版／發行
基道出版社
香港沙田火炭坳背灣街 26 號富騰工業中心 10 樓 1011 室
LOGOS PUBLISHERS
Unit 1011, 10/F, Fo Tan Ind. Centre, 26 Au Pui Wan St., Shatin, Hong Kong
電話：(852) 2687-0331　傳真：(852) 2687-0281
網址：https://www.logos.com.hk

承印
陽光（彩美）印刷有限公司

●

8/2005 初版
Cat. No. LP356A
ISBN-10: 962-457-292-5
ISBN-13: 978-962-457-292-6

刷次	12	11	10	9	8	7	6	5	4	
年份	2030	2029	2028	2027	2026	2025	2024	2023	2022	2021

目錄

新版前言

十一年前我出版這本書的初版時，並沒有帶著太大期望。當時的牧養輔導牢牢地和傳統的長期輔導模式連繫在一起。我早已確信，如果牧者將輔導變得簡短，並集中在一個焦點上，輔導會更能夠配合他們的整體牧養事工。不過，我鼓勵牧者這樣做時，大部分牧者的反應都清楚表明，他們認為心理學家永遠都不能真正明白牧養生涯的現實和實踐，而且他們遇到的困難的確要求他們提供長期的輔導。

過去十年，這一切都大大改變了。現在有很多不同的短期牧養輔導模式。在很大程度上，人們接受的論點是：短期的輔導最能夠配合提供輔導的牧者那些不同的責任。

這個版本的改動是根據採用了《策略性牧養輔導》的牧者給予的回應而作出的。這些牧者中有很多人在過去十年都使用該書。尼日利亞（Nigerian）、菲律賓（Philippine）和韓國（Korean）的譯本提供了幾個跨文化應用時產生的有用回應，好些用這本書作為教科書的神學院教授和閱讀這本書的學生提供的意見也相當寶貴。

這個版本經過全面改寫和修訂，加入了更多個案例子，一個關於道德考慮的新附錄，以及經過更新的進深閱讀書目。第一章將牧養輔導置於基督教心靈關顧這個比初版更廣闊的背景之中。這一章包含了有關牧養輔導和屬靈導引之間的關係的討論。第二章比初版更詳盡地討論簡短的牧養輔導，並提及一些其他可行的模式。第三章比初版更詳細地討論策略性牧養輔導的習作和屬靈焦點，以及怎樣運用教會和其他屬靈資源。第六章提出一個新的個案說明，示範只有一節的策略性牧養輔導。

這一版的主要對象仍然是那些除了其他牧養關顧責任外，還需要提供輔導的牧者。我修訂這本書時，最關注的是這些牧者，預備接受這種任務的神學院學生，以及在教會提供這種服務，以這種服務作為教會事工的重要部分的非教牧輔導員。其次的對象包括毋須在教會，但卻可能在醫院、跨宗派或跨信仰的社區輔導中心，或以私人性質提供牧養輔導的輔導員。這些人中，那些已經接受更進深的輔導或臨牀牧養訓練的人，我在這本書提出的部分內容可能只是基礎。不過，我盼望我提供的資料，也可以藉著強調簡短的牧養輔導那些屬靈的面向，對個別人士有幫助。而這些屬靈面向正是策略性牧養輔導的特點。

初版前言

目前已經有超過三百本關於牧養關顧和輔導的英語著作，提出為甚麼還需要多一本這樣的書，這個問題是頗為合理的。足以證明一本新書有存在價值的理由，必須既能夠説明這個課題的重要性，又可以指出這樣一本書的獨特貢獻。因此，讓我簡單地交代為甚麼我認為這本書既重要又獨特。

由於你正在閱讀這篇前言，你大概已經相當清楚牧養輔導的重要性，而我們也要從這點開始。牧養關顧和輔導的重要性建基於宣告神的話在基督教事工中的中心位置。雖然大部分牧者都很同意宣告這個基本的性質，阿登（Aden）認為對這有甚麼含義的普遍理解卻過於狹窄（Aden 1988）。他指出，我們傾向將宣告等同講道，雖然更正確地理解，宣告遠遠不單包括傳遞信息，更包括很多講道以外的活動。宣告不單包括傳達一件事件，也包括使那件事件成真。宣告傳遞它的內容，或使之成真，並在這刻以接受宣告者的經驗進行。因此，正確地理解，宣告帶領個人直接、即時和個別地接觸神的話。雖然這是所有良好講道的本質，但也應該是更多其他牧養活動的基礎。

這樣理解的話，牧養關顧和輔導便是基督徒事奉的合法部分，因為它們提供獨特的機會，讓神的話向尋求牧者幫助的人的特定人生經驗説話。牧養輔導永遠都不應該只是在聽完對方的故事後，便向對方講道。

牧養輔導應該包括將神的話連繫到特定的需要和人生經驗，並在阿登稱為「愛的服事那活的關係中」(Aden 1988, 40) 體現出來。這是一種宣告的方式，其他的事奉往往不能做得同樣的好。因此，牧養輔導在基督教關顧靈魂的悠久傳統中一直都扮演中心和重要的角色。

對大部分牧者來說，牧養輔導都不是可以選擇做或不做的事情，而是會友經常都需要和要求的事情。因此，牧養輔導更形重要。研究顯示，牧者平均每星期花六至八小時在輔導上。很少牧者可以完全毋須負責輔導；而能夠這樣的牧者似乎都有其他同工提供這種服務。對大部分牧者來說，輔導都是必須負起的責任，是不能避免的。會友的需要要求他們在輔導的關係中會見會友，無論他們有否充分準備這樣做。

那麼，大部分牧者認為自己是否已經準備好提供輔導？這本書的背景調查顯示，我們接觸的牧者中，只有百分之十三表示，他們感到自己已經有充分準備，能夠負起輔導的責任；百分之八十七的牧者表示，自己需要接受更多牧養輔導的訓練。神學院的訓練和現存的牧養輔導書籍，對大部分牧者來說，都不足以裝備他們提供輔導。準備不足明顯是很多牧者都表示對輔導感到氣餒，從輔導得不到滿足的主因。他們知道輔導是他們整體責任的重要部分；因此，如果他們儘量減少或忽略輔導，便會感到內疚。但同時他們又感到自己不足以應付這個要求。所以，無可避免地，輔導很快便令他們感到挫敗和不滿足。

我們問我們接觸的牧者，他們需要甚麼幫助，才能夠更好地應付牧養輔導工作。他們表示，如果有關牧養輔導的書籍要對他們有幫助，便必須比一般的相關書籍實用得多。關於牧養關顧的神學著作，或牧養輔導的理論書籍，放在書架上可能不錯；但當深受困擾的會友走進牧者辦公室時，這些書籍卻沒有多大幫助。要有幫助，書籍必須能具體告訴牧者，在輔導時應該做甚麼。一般性的原則根本並不足夠。

策略性牧養輔導是一個輔導模式，特別設計來回應提供輔導的牧者的實際需要。**策略性**這個詞強調它的取向是高度聚焦的。我們建議五節輔導，是為牧者提供清晰的目標和策略。五節的輔導上限既是牧者實際輔導時大多數使用的時間，也是他們在應付其他日常工作之外，能夠花在輔導上的時間。策略性牧養輔導的焦點是會友的靈性功能。應該在他們的生命和現時的掙扎中，辨別這些屬靈事件。策略性牧養輔導也有明顯的基督教色彩，十分鼓勵牧者運用基督徒生命的獨特資源。

由於大部分牧者的正式訓練中，牧養輔導的訓練都相當有限，策略性牧養輔導並不假定牧者有心理學或輔導理論的背景。所以，這本書避免使用術語，在運用專門用語時，都會提供清楚的解釋。不過，這本書的取向也考慮到大多數牧者都有輔導經驗，對牧養關顧也有頗多經驗。事實上，我們假定牧者有一般的事奉經驗，也懂得更專門的牧養關顧。我們將策略性牧養輔導定位為這些更廣泛的牧養角色中必不可少和必然是一致的部分。

牧養輔導應該是牧養關顧和事奉的核心。不過，牧養輔導員往往採用臨牀輔導模式，傾向將輔導變為專門的活動，和其他牧養活動和責任沒有多大關連。策略性牧養輔導嘗試藉著提出一種輔導取向，是既大量吸收過去數十年治療性的心理學發展出來的一般輔導原則和方法，同時又從牧養角色中取得形式和方向；從而解決沒有關連這個問題。我們希望這個取向能夠幫助那些牧者，他們嘗試提供一種輔導，是既與他們的神學委身和對聖經的理解一致，又配合他們作為基督福音的使者這個基本的角色。

李序

運用「策略性牧養輔導模式」的本地牧者

作為一個牧養與輔導多年的牧者(現任宣道會北角堂義務牧師),亦是一個超過十載在神學院教「教牧輔導」的教授,「策略性牧養輔導」是本人常用與教授的輔導模式。作者貝內爾博士(Dr. David G. Benner)亦是本人的靈友與福音伙伴,近年在教學、專題講座、教牧退修、寫作與靈修期刊《心靈對談》(*Conversations*)都有多方面的合作。故此能為他的書《策略性牧養輔導》的中譯作推薦,深感榮幸!

牧者和平信徒領袖所作的輔導不是單單一般的信徒關懷,故此這事工需要更強「輔助性」。雖然這輔導並非專業輔導,教牧亦非專業治療師,但仍然要具有「專業性」。再者,對一般教牧,輔導只是他們工作的一部分,為多面的事工他們多是分身乏術。「策略性牧養輔導」便正正是為這需要而設,為同工提供一套既有輔導性,亦帶有專業性的牧養輔助的策略。

從本人多年的經驗而言,這「策略」有以下的長處:

一、 **短期輔導:**輔導的次數不過五次,從相遇(encounter)到投入(engagement)及分開(disengagement),它提供有系統的輔導,不太長、又不太短,是教牧同工能承擔的。在忙碌的事奉中,這「策略」使我更有效地輔導會友。

二、**閱讀治療：**除這本引介的書籍外，還有其他引用此模式寫成的資源，作為此模式的配套。在輔導期間我會鼓勵受助者多閱讀得幫助。

三、**全人關懷：**本「策略」是從整全的人觀入手，兼顧人靈、魂、體的需要。故此它從人的行為、認知及情緒等角度提供全人的輔導。

四、**整全系統：**輔導並非單是每次談談心事，它是很有系統從了解問題進到解決問題，並強調輔導亦非單提供意見，是一個漸進的旅程。輔導關係亦有始有終，還要有跟進或轉介。

五、**以靈為本：**「策略」的輔導並不是單單心理輔導，它是以靈為本。它強調問題的處理要從屬靈的角度與焦點進行。它亦有助會友成長。

六、**信仰清晰：**「策略」的輔導並非一般心理輔導再加上一些聖經的教訓與運用，它是信仰清晰，並善用屬靈與基督信仰的資源。

經過多年的使用，我發覺「策略輔導」實在是名副其實的教牧輔導策略，無論對輔導員或受導者都是很有幫助的。我尤其是喜歡與這套附帶寫成的資源，給我對常見的問題清楚的提示與指引。我誠意把吾友的佳作推介給每一位參與牧養輔導的同工。

李耀全博士(牧師)
個人、婚姻與家庭治療師、作家

1

牧養輔導作為靈魂關顧

雖然從最初期的教會開始，牧者便提供靈性輔導，作為他們整體靈魂關顧的責任的一部分；但我們今天的牧養輔導卻是頗為近期才出現的現象。在《美國牧養關顧史》(*History of Pastoral Care in America*；1983) 這本書中，霍利菲爾德 (Holifield) 將牧養輔導的發展定為始於二十世紀的頭十年。當時一羣新英格蘭的牧者開始思考，教會可以怎樣將輔導和心理治療剛發展出來的程序作屬靈的應用。

當代的牧養輔導隨著心理輔導一起發展——兩者都是二十世紀「治療學的成功」結出的果子 (Rieff 1966)。牧養輔導嘗試在這種治療文化中找到自己的身分時，往往經驗到在牧養和心理學之間產生的張力。有些牧養輔導的形式接近現代心理治療，多於基督教歷史上的靈魂關顧。另一些牧者則嘗試完全疏遠心理輔導，嘗試提供單純以聖經為基礎的靈性輔導。

但在仿效流行的心理時尚，以及忽略現代治療性的心理學的貢獻之間，可以有一條中間路線。牧養輔導既可以明顯具有牧養性質，同時又熟習心理學。當牧養輔導從基督教靈魂關顧的豐富傳統取得自己的身分，並從現代治療性的心理學中吸收合適的洞見，同時又保護牧養角色的完整和基督教事奉的獨特資源時，便能夠兼顧兩者。

基督教的靈魂關顧

「靈魂關顧」(care of souls) 的英語詞組源自拉丁語 *cura animarum*。*Cura* 最常見的翻譯是「關顧」。但實際上，這個詞同時有關顧和醫治的含意。關顧指設計來支持某事或某人的健康的行動。醫治則指設計來使人回復已經喪失的健康的行動。基督教會一直都同時接受 *cura* 的兩個含義，將靈魂關顧理解為既包括培養和支持，也包括醫治和恢復。

但視靈魂為這種關顧和醫治的焦點是甚麼意思呢？「靈魂」是希伯來語*nepesh*和希臘語*psyche*最常見的翻譯。不過，很多聖經學者都認為，更好的翻譯是「人」或「己」。靈魂不是人的一部分，而是整個全人。我們並不是擁有靈魂；我們就是靈魂——正如我們是靈，被賦予形體一樣。人是有生命和生氣的整體。因此，「靈魂」指整個人，包括身體，但特別專注於內在的思想、感情和意志世界。所以，我們可以將靈魂關顧理解為在個人的深處和整體中，支持和恢復個人的健康，而且特別關注內在生命。

靈魂關顧關心人的方法，不單承認他們是人，更從他們生命中最深層和最深刻的人類向度接觸和對待他們。這就是為甚麼靈魂關顧最重視人內在世界的靈性和心理範疇。正是生命的這些範疇最能夠顯示我們身為人的獨特性。但真正的靈魂關顧永遠都不會只專注於個人存有的任何一個方面，而忽略其他方面。如果關顧配稱為靈魂關顧，便必須不單處理部分，或專注於問題，而是涉及兩個或以上的人，以整個人的培養和成長為目標（Benner 1998）。

在其悠久的歷史中，基督教靈魂關顧有不同的表達方式，但總是教會的生命和使命的一個主要部分。在回顧這歷史時，克勒布施（Clebsch）和耶克勒（Jaekle）（Clebsch and Jaekle 1964）指出，這種關顧包括四個基本元素：醫治、支持、和解及引導。**醫治**包括努力幫助人們克服損傷，邁向整全。這些治療性的努力可以包括身體和靈性的醫治，但焦點總是整個完整和神聖的人。**支持**指關顧的行動，設計來幫助受傷的人忍受和超越某個環境，要在其中復元或恢復要不是不可能，就是不大可能。**和解**指努力重建破裂的關係。關顧包括這個部分，顯示基督教靈魂關顧的性質不單針對個人，更有羣體性。最後，**引導**指幫助一個人作出明智的選擇，從而令他／她靈性得以成長，變得成熟。

尋求關顧別人靈魂的基督徒聽過別人認罪，提供過輔導和安慰，講過道，寫過書籍和信件，探訪過別人，興建和管理過醫院，建立過學校，提供過教育，並參與過社會和政治活動。這一切和更多其他事情的目的都是麥尼爾（McNeil）所描述的「將所有人在基督裏完美地獻給神」（McNeil 1951, vii）。這表示我們可以視基督徒靈魂關顧的最高目標為靈性模塑，在基督的百姓中形成基督的品格。

在二十世紀，教會內外都被臨牀和治療性的取向主導，令靈魂關顧變得狹窄。隨著輔導員取代了牧者和平信徒，成為人們選擇的輔導提供者，關顧在很大程度上也被治療佔據。

不過，基督教的靈魂關顧實在太重要，不能限制在和現代臨牀治療有關的治療性活動之內。靈魂關顧也比輔導，甚至比牧養輔導廣闊得多。如果牧養輔導要符合它獨特和最重要的位置，我們便必須明白它在整體基督教靈魂關顧中所佔的地位。

在每一間基督教會的生活中，至少應該有五種形式的靈魂關顧：信徒相交、牧養事奉、牧養關顧、牧養輔導和屬靈導引。[1]這幾種形式形成的連續體是有關專門性的連續體，從最廣義和最不專門，走向最狹義和最專門。這個連續體並不反映其重要程度。圖1表達了這些不同形式的靈魂關顧之間的關係。

圖1：牧養輔導的背景

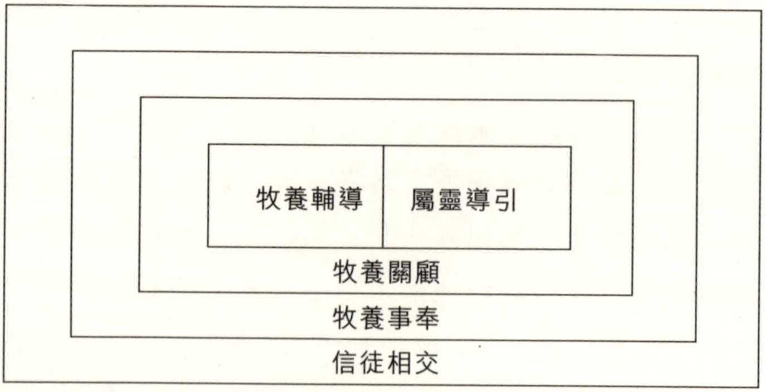

信徒相交

基督教靈魂關顧的基礎，是它最不專門的形式——一個基督徒給另一個基督徒的友誼。[2]信徒給予朋友支持和鼓勵，或者只是和對方保持聯絡時，不會以為這是提供靈魂關顧。他們只是關心自己所愛的人。但明白信徒相交那崇高理想的朋友，他們提供的是基督教靈魂關顧，是一種相當重要的形式。如果我們可以更定期地與關心我們全人的朋友或家人維持關係，並特別留意內在的本我，對更正式和專門的靈魂關顧的需要便會大為減少。

信徒相交是既重要又可能的，因為它源於神。基督教三位一體的教義將友誼置於神本性的中心。幾乎令人不能相信的是，將聖父、聖子、聖靈連結起來的永恆友誼，伸展到那些蒙耶穌呼召，作祂追隨者和朋友的人。耶穌正是要我們以這樣的友誼互相對待（約壹四7）。

在最好的情況下，家庭成員和朋友有獨特的潛力，能夠彼此鼓勵，促成深層的成長和醫治。父母在培養子女的心理和靈性時，有機會以別人做不到的方式影響他們，正如那些真誠地努力認識和支持配偶的內在生命的人能夠做到的那樣。

可惜家庭往往不能實現心靈朋友的理想。父母只滿足於管教和指導子女，沒有藉著友誼獻出自己。當然，可悲的是，夫婦往往很容易犯同樣的錯。很多人積極關顧自己家庭以外的人，卻往往很少給家人真正的屬靈友誼。

如果教會希望在朋友和家庭成員之間建立相互的靈魂關顧，作為由會眾提供的靈魂關顧的基礎，便必須首先幫助家庭成為真正屬靈友誼的網絡。它們必須既鼓勵和支持家庭以外的友誼。這種友誼和同輩團契是不同的，但卻能夠反映和相互的靈魂關顧同樣多的理想。

牧養輔導不是友誼，也不能毫無危險地提供給和牧者有個人友誼的人。[3]但當牧養輔導是在以真誠的靈魂關顧式友誼為基礎的羣體中進行，便能夠最好地扮演它的獨特角色。

牧養事奉

牧養事奉也是牧養輔導這個大範圍的其中一部分，它包括講道、教導、帶領崇拜、行政、羣體服務、培養領袖，當然還包括牧養關顧和輔導（Clinebell 1984）。雖然這些責任之間的界線有時並不清晰，但重要的是，這些不同的活動能連成一個整體。因此，沒有任何活動可以損害其他活動。這對牧養關顧和輔導尤其重要，這兩種活動很容易佔用實行其他責任的時間，而且進行的方式可能會和牧養角色的其他方面產生重大衝突。因此，進行牧養輔導時必須減低它和其他牧養責任的衝突。

講道、教導和崇拜是特別重要的靈魂關顧活動。任何令人與神接觸的事情，都有助他們靈命成長，醫治他們的靈魂。正因為這樣，大部分牧者都認為崇拜是教會生活的中心，而這也是正確的。我們可以視崇拜為集體的靈魂關顧。做得最好時，崇拜可以整合教會中所有其他形式的靈魂關顧，並提供方向。

提供牧養輔導的方式，必須能夠支持牧養事奉這些更大的責任，這些責任是永遠都不能犧牲的。除了那些只從事輔導的牧者外，大部分牧者都必須將輔導安排在整個星期的眾多活動中。這表示輔導不單要安排在有限的可用時間中（關於這點，稍候我會進一步討論），更要安排在牧者其他角色的網絡中。

其中一個有潛在衝突的地方存在於輔導和講道之間。講章應否取材自個人的輔導經驗？這樣做直接和明顯地違反輔導的保密原則。我們必須明白，保密這個輔導至為重要的原則，不單要求將人們的名字保密（Nessan 1998）。例如：即使牧者已計劃一篇有關同性戀的講章，在聽完一位會友在這方面的掙扎後立刻就講一堂這樣的道，可能不是個好做法。這樣做無疑會令那個會友感到牧者利用講壇特別向他／她說話。

但另一方面，不能讓自己的講道被自己的輔導滲透，就是不能運用會眾豐富的資料來源，動態地向他們最深的需要說話。當然，這個困境的解答在於接受聖靈引導，辨別出應該在甚麼時候，以甚麼方式處理這些問題。牧者也不應該忽略一個簡單的選擇，和有關的會友討論講章的主題。這是一個簡易的做法，既可以顯示牧者的敏銳，又可以收預防勝於治療之效。

牧養關顧

牧養事奉比牧養關顧範圍更廣；牧養關顧也比牧養輔導範圍更廣。嘗試將所有牧養關顧約化為輔導，是看不見牧養關顧的廣度，也看不見輔導的獨特性質。

人們通常都用牧養關顧這個詞來指牧者、長老、執事和教會其他會友向他們服事的對象提供的各種幫助。牧養關顧是一種憐憫的事奉，它的來源和動力都是神的愛。牧養關顧的最基本形式，是一個基督徒幫助、鼓勵或支持另一個有需要的信徒。牧養關顧是基督徒愛的恩賜，由嘗試傳遞神仁慈的同在的人，滋養另一個在某程度上渴望活在那神聖同在的現實中的人。

埃施曼(Eschmann 2000)提出，牧養關顧包括三大類活動：祝福及醫治、復和及悔改、潔淨及團契。更具體地說，牧養關顧包括探訪病人、照顧垂死的人、安慰喪親的人、鼓勵冷淡的人回轉、支持那些正在掙扎或面對各種困難的人，培養和保護會眾的信心、講道、教導、代禱和施行聖禮。

健康的教會以友誼為基礎。這種友誼藉著鼓勵所有信徒以牧養關顧相待，形成屬靈羣體的核心。不過，將所有基督徒的關顧都稱為「友誼」，則是貶低了友誼。友誼應該是雙向的，但牧養關顧的行動卻不應該期望得到回報。教會如果有愈來愈多會友和信徒關心羣體中其他人的福祉，就是以靈魂關顧為事奉核心的教會。

牧養輔導也是牧養關顧的行動。不過，它在幾方面都和其他牧養關顧行動不同。首先，牧養關顧的關係可以由牧者或提供關顧的人主動開展，但牧養輔導卻通常是由會友主動提出的。而且，典型的牧養輔導都是以問題為焦點；也就是說，會友因為有困難，需要幫助，所以接觸牧者。牧養關顧雖然可能是在艱難的人生經驗中進行，但通常卻不被視為有需要解決的問題，而更多是有需要從神學角度理解的經驗，以及在面對那些經驗時察覺到神的同在。

牧養關顧的行動需要的時間通常也比牧養輔導短——即使那是好像策略性牧養輔導這種簡短的輔導。結婚、喪禮或探訪通常都不需要持續的牧養關顧關係。即使結婚準備(有時稱為婚前輔導，但通常和其他形式的輔導不同，並不是以問題為焦點)，通常也是有時間限制的。

而且，牧養關顧需要不像牧養輔導那樣，需要一定的投入程度或回應。例如：為失去知覺(可參Close 1998)、說話不流利、甚至嚴重弱智的人提供牧養關顧是頗為恰當的；但為這些人提供牧養輔導，效用卻相當有限。

最後，在其他牧養關顧行動，有時即時和直接地引用聖經經文是恰當的；但在牧養輔導中，牧者在未聽完會友的故事前便分享聖經經文卻是不恰當的。即使在聽完會友的故事後，分享經文也應該是持續的對話的一部分。這個過程需要的時間，比簡短的牧養關顧更長。在簡短的牧養關顧中，如果會友希望的話，有時很快地分享禱告或一節經文便已經足夠。

屬靈導引

除了英國聖公會和美國聖公會外，直至近年，大部分基督教會都不大熟悉屬靈導引這個觀念。那些聽過這個詞語的人，往往將它等同順服宗教權威，可能以為這是修士或其他神職人員的事情。結果，他們傾向害怕屬靈導引。另一些人則察覺到近年屬靈導引受到注意，但卻視之為只是潮流，只是最新的門徒訓練或指導。還有一些人雖然知道屬靈導引是古老而不是新興的事情，卻假定它是好像屬靈輔導一類的事情，也就是道德指引，或另一種關於怎樣整理個人屬靈生命的建議方式。

所有這些反應都是基於嚴重的誤解。屬靈導引是靈魂關顧這頂王冠上面的寶石，從最初期的教會開始，便是培養基督徒的正式關係中很重要的一部分。屬靈導引不是特別為少數人而設，而是和每一個認真看待屬靈旅程的基督徒都息息相關的。屬靈導引不是權力的關係，而是一種屬靈友誼。屬靈導引的焦點不是道德，而是個人與神的關係。屬靈導引不是提供屬靈意見的場合，而是一段一起進行辨別的關係。「導師」承認聖靈才是真正的屬靈導師，嘗試幫助另一個人辨別和順服聖靈的帶領。

屬靈導引是「禱告的過程，個人尋求幫助，希望和神建立更深入的個人關係。個人和另一個人見面，一起禱告和交談，專注於在人生的經驗中，愈來愈察覺神的同在，並更能夠順服神的旨意」(Benner 2002, 94)。讓我藉著檢視這個屬靈導引定義的一些元素，解釋這個定義的意思。

無論眼睛是否閉上，或者有沒有説話，禱告都是屬靈導引的基礎，因為屬靈導引的核心包括：導師和接受指導的人尋求留意神的同在，並回應這份察覺。屬靈導引包括一系列三者之間的關係。那三者是導師、接受指導的人和神。在這種關係中，核心不是導師和接受指導的人之間的關係，而是接受指導的人和神之間的關係。這和輔導是不同的。在輔導時，輔導員和接受輔導的人之間的關係是最重要的。屬靈導師必須避免高估他們與他們嘗試幫助的人之間的關係。最重要的關係是尋求屬靈導引的人與主的關係，整體的目標是，幫助接受導引的人留意自己生命中聖靈的帶領和同在，並降服在神的愛和旨意之下。

雖然牧養輔導和屬靈導引有一些共通點，兩者之間也有一些很重要的分別。最重要的分別是，輔導以問題為中心，屬靈導引則以聖靈為中心。雖然理論上，屬靈導引可以由危機或困難開始，但它的目標是個人在與神的關係中成長，而不是解決問題。如果真的有問題，那問題也只是個人預期會遇見神的地方。

牧養輔導和屬靈導引的另一個重要分別，在於在關係中同理心扮演的角色。輔導員嘗試對他們輔導的人的內心經驗感同身受。但屬靈導師感同身受的焦點卻不是對方，而是聖靈。這表示屬靈導師的目標，主要不是明白尋求導引的人有甚麼感受，也不是進入那人的經驗，好像那人那樣看世界；而是幫助那人和神的靈有更親密的相遇。

謝伊 (Shea 1997) 提出，雖然牧養輔導和屬靈導引都有培養信心這個目標，但兩者卻有不同的取向。牧養輔導嘗試幫助人們達至成熟的信心，屬靈導引卻嘗試幫助有成熟信心的人，透過在生命中活出這種信心，從而加深這種信心。加林多 (Galindo 1997) 補充說，屬靈導引專注於恩典在尋求幫助的人生命中運行的方式——恩典怎樣在禱告和行動中被接受、拒絕和回應。

牧養輔導員可以從這種往往被忽略的基督教靈魂關顧的表達方式中學到很多東西。留心聖靈的同在和帶領，使牧養輔導植根於基督教靈魂關顧中，幫助牧者不將求助者的成長或醫治視為自己的責任。在過程中，沉默的角色——雙方嘗試提高對聖靈的注意力時——和牧養輔導的過程也有關係。但最重要的貢獻或許是要明白聖靈才是真正的導師。牧養輔導員最好能夠記得，同一位聖靈也是真正的輔導員。牧養輔導員的角色是幫助求助者調校和降服於這位真正奇妙的輔導員面前。在輔導過程中，雙方都應該仰望祂。

有些教會有幸在同工或會友中有受過訓練的屬靈導師。其他人則需要倚賴牧者或其他成熟的基督徒。他們抽時間陪伴那些尋求屬靈問責和成長的人。只要有智慧和成熟的基督徒，樂意學習怎樣在別人尋求察覺神的同在和帶領時陪伴他們，每個人都可以有屬靈導師作伴。沒有基督徒應該沒有屬靈導師，沒有教會應該不鼓勵有恩賜回應這個呼召的會友發展這種恩賜。

牧養輔導

牧者提供的輔導必須屬於靈魂關顧事工的一部分。這表示牧養輔導和一般的基督教輔導有一些重要的分別。一般的基督教輔導是由基督徒提供，但卻沒有明顯地從牧養角度出發。非牧養的基督教輔導可能由基督教價值觀模塑，圍繞基督徒對人的看法建立，但卻很少有牧養輔導應該有的明顯屬靈焦點。而且，由於提供一般基督教輔導的人是照顧精神健康的專業人士，而不是牧者，基督教輔導建基於臨牀關係，和牧養關係是頗為不同的。而牧養關係應該是牧養輔導的核心。

牧養輔導和基督教輔導不同，因為牧者不單是輔導員。牧者和他們輔導的對象有多種不同關係。每一種關係都反映廣泛的牧養責任的其中一面。和臨牀輔導員不同——無論是否基督教的臨牀輔導——牧養輔導員都不能將與輔導對象的接觸限制在預先安排好的輔導時間內。提供輔導的牧者也在講壇、委員會、團契聚會、主日崇拜後在教會大門和會友接觸。會友患病、結婚或離世時，牧者也會探訪他們。這些活動都是牧養身分的組成部分。進行輔導的方式，必須能夠支持這些同樣重要的牧養關係。

但正如牧養輔導屬於廣義的牧養事奉的一部分，它也必須屬於輔導的範疇。無論牧養輔導還有甚麼其他特質，它也是輔導的一種形式。因此，我們必須明白它與其他輔導活動的關係。

當然，**輔導**這個詞有多種用法，包括就稅務、旅遊、營養及很多其他事情提供的意見。輔導用來描述這些活動時，指的是交換資料或提供意見。和這不同的是，負責心理健康的專業人士則用這個詞指一種提供幫助的關係。在這種關係中，透過一連串經安排的接觸，輔導員嘗試減輕求助者的痛苦，促使他們成長。在這情況下，輔導描述一種對話和探索的關係，而不單是交換資料。

這兩種對輔導的理解並非相互排斥的，而是一個連續體。負責心理健康的專業人士提供的輔導可能包括給予意見，雖然這往往不是主要的部分。同樣，稅務顧問也可能關心尋求意見的人，以同理心給予回應，而不單提供技術性建議。不過，這並非這種輔導的本質。我們真的無權期望和稅務顧問建立這種關係。同樣，我們應該期望負責心理健康的專業人士不單提供意見。

那麼，在輔導作為建議；和輔導作為提供幫助的關係，藉以減輕痛苦和促進成長這兩者的連續體中；牧養輔導到底處於哪個位置？雖然有很多不同方法可以適當地提供牧養輔導，一般來說，牧養輔導卻比較接近心理輔導多於稅務諮詢。這可能似乎是另一種對心理科學的遷就。不過，基督教靈魂關顧的歷史支持這樣將牧養輔導定位為不單是提供意見。雖然屬靈導引有時的確包括提供意見，整體的著重明顯在於讓靈命成熟的人，和尋求屬靈幫助的人建立關係，而這種關係是要幫助求助者靈命成長（McNeil 1951; Clebsch and Jaekle 1964）。這樣理解的典型例子是法國十七世紀的神學家費內倫（Fénelon）。他就進行牧養輔導，提出以下歷久常新的建議：

> 少說話，多聆聽。多思想怎樣明白別人的心，以及怎樣配合他們的需要；而不是告訴他們一些聰明的話。顯示你有開放的心靈，讓每個人憑經驗都可以看到，向你敞開自己的心是安全和能夠得到安慰的。避免極端的嚴厲。在需要時給予責備，但要謹慎和溫柔地進行。永遠不要說多餘的話。但無論說甚麼，都要絕對坦白。讓每個人信任你時，都毋須擔心會受騙……你對神的兒女，應該向甚麼人就作甚麼人，為要得著每一個人。並為了糾正別人而糾正自己。（Fénelon 1980, 24）

因此，無論是由牧者還是負責心理健康的專業人士提供輔導，都不能把它約化為告訴別人應該做甚麼，或不應該做甚麼，無論那是輔導員的意見，還是輔導員認為是神的意見。雖然牧養輔導必須總是在神的話中提供——這是對代表基督教會的人的要求——但卻不同於講道或其他牧養責任。

其中一個明白輔導本質的方法是，將它想像為一個有計劃地與求助者一起的方式。輔導首先和首要地是關於存在，而不是關於做事——不是關於熟練地運用技巧，而是關於成為某一種人，以對人有幫助的方式，將那自我帶到輔導中。榮格(Carl Jung)說過一句名言：在輔導中，分別不在於你做甚麼，或知道甚麼；而是在於你是誰。提供輔導的牧者心理靈性健全與否，對促進或限制輔導帶來的幫助，比任何其他和輔導員或輔導過程有關的因素都有更大影響。我們很難帶領別人到我們自己也未到過的地方。因此，不能示範自己的輔導背後的優先次序和原則的牧者——哪怕只能不完美地示範——對別人的幫助會相當有限。

但輔導不單是存在；更是同在。如果輔導始於輔導員的個人，它很快便超越這方面，進到一個人與另一個人同在。奧提休斯(Olthius 1989)提出，同在這個基督教信仰的基本隱喻，最能夠捕捉神給祂子民的立約關係的本質。正如神在祂的百姓受苦、破碎、掙扎中給予祂信實的同在一樣，輔導員也可以和求助者同在。在別人的掙扎中實在地和他們同在，正是輔導的核心。以這個特別的方法，輔導員能夠顯出憐憫，在接觸受苦的人，分擔他們的苦難時，提供具體的關顧。

最後，輔導是預先安排好的與人一起。這表示輔導至少在某程度上受規則限制。在傳遞恩典和帶領別人直接和神接觸時，並非所有與別人同在的方法都同樣有效。傳遞恩典和帶領別人直接和神接觸，是牧養輔導的目標。輔導關係中涉及的結構、紀律和技巧最終都應該為這個目標服務。輔導涉及一種有紀律的與人一起，而這種紀律由個人對輔導取向的理論和技巧模塑。這些理論和技巧引導和指導輔導，幫助雙方訂定優先次序，決定、鞏固和維持希望達到的目標。

牧養輔導既是特別的牧養關顧形式，也是特別的輔導形式。它應該藉著在連貫和適當的環境下，經過特定的約定，和其他牧養接觸分開進行。牧養輔導不適宜在走廊、門廊或崇拜前在教會的門廳進行。牧者和會友談論會友關注的問題，不一定就是牧養輔導。和任何特殊的關係一樣，牧養輔導需要有界限，以保護它的特別目的。如果要恰當地將牧養輔導和其他牧養關顧和事奉的責任區分出來，這些界限是必須的。

如果牧養輔導要獨特又真正具牧養性，它必須回到它在牧養關顧和事奉內這個正當位置。對牧養輔導的理解，必須考慮它與構成教會生命一部分的其他基督教靈魂關顧形式之間的關係。每一種形式的靈魂關顧都有自己獨特的位置，在得到其他形式支持時，每一種方式都能夠發揮最大的作用。

進深閱讀

Aden, L., and J. H. Ellens, eds. 1988. *The church and pastoral care*. Grand Rapids: Baker。這本書收集了一些文章，討論牧養關顧在教會的角色，對這個課題的各方面提供一個透徹和平衡的概述。

Benner, D. 1998. *The care of souls: Revisioning Christian nurture and counsel*. Grand Rapids: Baker。（中譯本：《心靈關顧》，貝內爾著，尹妙珍譯，〔香港：基道〕，2002 年。）這本書簡述基督教心靈關顧的歷史，並探討這種關顧的心理和靈性面向可以怎樣在當代基督教關顧、培育和輔導的多種不同方式中結合起來。

_______. 2002. *Sacred companions: The gift of spiritual friendship and direction*. Downers Grove, Ill.: InterVarsity。這本書就屬靈導引提供一個有用的介紹，將屬靈導引定位為屬靈友誼這種更概括的關係的一種特殊形式，並詳細討論了屬靈導引和輔導的關係。

Gerkin, C. V. 1997. *An introduction to pastoral care*. Nashville: Abingdon。這是一本出色的著作，由一位參與臨牀牧養教育運動長達五十多年的作者概述歷史和當代的牧養關顧實踐。

Holifield, E. B. 1983. *A history of pastoral care in America*. Nashville: Abingdon。討論現代牧養關顧歷史的學術著作，適合喜歡內容比較扎實但又容易閱讀的書籍的讀者。

McNeil, J. 1951. *A history of the cure of souls*. New York: Harper & Row。這可能是關於基督教關顧和醫治心靈的歷史的權威著作。它和這一章的關係在於它清楚地指出這種心靈關顧在教會歷史扮演的重要角色。

Nessan, C. 1998. Confidentiality: Sacred trust and ethical quagmire. *Journal of Pastoral Care* 52, no. 4:349～357。這篇文章就牧養保密的道德和實踐提供了十分有用的討論。

Pattison, S. 1988. *A critique of pastoral care*. London: SCM。這本書遠遠不單是批評，也是在對牧養關顧這事奉進行了平衡和細心的研究後得到的概覽。它對聖經在牧養神學的發展及牧養關顧的實踐上扮演的角色，進行了相當有用的討論。

Ruffing, J. 2000. *Spiritual direction: Beyond the beginnings*. New York: Paulist Press。這本書對那些對屬靈導引已經有認識，希望進深研究的牧養輔導員十分有用。

Wiersbe, D. W. 2000. *The dynamics of pastoral care*. Grand Rapids: Baker。這本書對以教會為基礎的牧養關顧的一些主要形式提供了基本而有用的討論。

註釋：

1. *The Care of Souls*（Benner 1998）詳細介紹了各種形式的基督教靈魂關顧。這裏有關靈魂關顧的部分材料也取自該書。
2. 有關信徒相交的更詳盡討論，可參 *Sacred Companions*（Benner 2002）。
3. 有關這問題的進一步看法，參附錄有關道德指引的討論。

2

牧養輔導的獨特性

雖然牧養輔導和由其他專業人士提供的輔導有一些共通點，但它本身仍有好些重要的特點。表一總結了其中五項。

表一：牧養輔導的獨特性
牧養輔導員的訓練
牧養輔導員的角色
牧養輔導的背景
牧養輔導的目標
牧養輔導的資源

牧養輔導員的訓練

牧者的訓練是獨特的，因為這訓練給牧養輔導員屬靈的角度看人和他們的問題。牧者是提供輔導的專業人士中，惟一有接受系統神學、聖經研究、倫理學和教會歷史等訓練的人。這些知識背景給牧養輔導員十分寶貴的視角看求助者。所以，如果牧者放棄這個視角，認為心理學視角更優勝或聲譽更好，便實在可恥。基督徒心理治療師在神學閱讀或反省的幫助下，能夠令自己對人的理解配合基督教的觀點，但他們用以看待別人的臨牀眼光，令他們的視角和牧者不同。牧者的訓練令他們有獨特和十分重要的視角。這視角使他們可以從屬靈的角度看人，也就是從他們與神的關係，以及他們怎樣回應那關係來看他們。

正確地理解，屬靈的視角永遠都應該是整全的視角。除了不成熟和不健康的靈性，將我們對神的經驗限制在我們存有的一個方面外，人與神的相遇總有多重影響，觸及我們存有的每個方面。基督教的靈魂關顧總應該注視整個人，特別留意內在的本相。牧養輔導員有獨特的位置提供這種關注，因為他們的訓練，讓他們有機會從最大的視角——屬靈的視角——理解人。

在某方面有比較強的訓練，在其他方面必定比較弱。和心理學家、精神病學家和心理治療師相比，牧養輔導員通常在精神病理學、評估和診斷以及心理治療方面的背景都比較有限。牧者可能修讀過一、兩個牧養心理學或輔導學的課程，也可能在臨牀牧養教育方面實習過或接受過指導，但他們對心理學的認識通常都比較有限。因此，沒有高深的心理治療專門訓練，他們不應該嘗試提供以改變人格結構的根本，或解決深層的無意識問題或衝突為目的的長期輔導。

牧者得到獨有的裝備，能夠促進屬靈的整全，而這應是任何稱為牧養的輔導的核心。這個屬靈焦點以牧養訓練獨有的長處為基礎，是一種輔導的取向，不單和牧養角色的其他方面協調，也容許輔導融入牧養關顧和事奉之中。

牧養輔導員的角色

由於牧者的社會和象徵角色，他們在輔導員中也是獨特的。無論你喜歡與否，他們都是權威的宗教人士，是宗教價值觀和信仰的象徵。因此，人們接觸牧師時懷著和接觸其他幫助人的專業人士不同的期望。他們期望牧師代表基督教價值觀、信仰和委身，以及「為人的問題帶來基督教的意義」(Clebsch and Jaekle 1964, 4～5)。

由於牧者被視為基督教會的代表，有些人面對個人困難掙扎時，會避免接觸他們。背後有很多不同原因，是和對神職人員的象徵性身分的過敏反應有關的。很多成年人仍然透過他們童年的眼光看神職人員，這可能令他們記起嚴厲、令人懼怕的權威宗教人物，帶著審判和懲罰的態度和他們接觸。這些人在有需要時害怕接觸牧養輔導員是可以理解的。另一些人對神職人員則有比較正面的聯想，但卻假定他們只對明顯和宗教有關的事情感興趣，認為自己的問題太平凡或太世俗，不應該向專業的宗教人士求助。

但同樣的聯想和期望卻令大部分人得出相反的結論。一個在一九五七年進行，現在變得頗為著名的重要研究顯示，百分之四十二的美國人表示，面對重大的個人問題時，他們求助的第一個對象是牧者。百分之二十九的人則選擇家庭醫生 (Gurin, Verhoff, and Feld 1960)。一九七六年再進行這個研究時，牧者仍然是最多人選擇的求助對象，佔百分之三十九 (Verhoff, Kukla, and Dorran 1981)。這次第二最受歡迎的專業人士是心理學家和精神病學家，有百分之二十九的人選擇向他們求助。不是精神科的醫生則跌至第三位，是百分之二十一的人首選的求助對象。

這些統計數字顯示，雖然人們往往認為教會在社會的影響力正在減弱，頗高比例的人在面對個人問題時仍會向神職人員，而不是其他幫助人的專業人士求助。他們這樣選擇是因為神職人員作為基督教會的代表這個身分，在作為輔導員時，既有基督教的視角，又有基督教獨有的醫治資源。

牧養輔導的背景

和與身為基督教會牧者相連的角色期望有密切關係的是，和牧養輔導的背景——也就是教會——有關的象徵性聯繫。希爾特納（Hiltner）和科爾斯頓（Colston）研究在不同背景下的輔導過程，發現在其他方面相同的情況下，輔導在教會進展得比較快（Hiltner and Colston 1961）。他們認為因為教會有關的象徵和期望，令牧養輔導員在討論到重要的價值觀問題時，他們有清晰的立場。因此，接受輔導的人需要較少時間明白輔導員的價值觀。其他和教會有關的普遍聯繫，例如教會是一個安靜、安全或與神相遇的地方，對在教會背景中進行的輔導都有促進作用。

但更有價值的是，教會不單是一所建築物，它更是一個信仰羣體。在理想的情況下，牧者在已經建立好、有信任和關心的背景下進行輔導，這是其他助人行業的羣體無法相比的。如果一間教會確實是這種羣體，牧者便可以將受傷的人和教會裏能夠提供愛和支持的人或團體連繫起來。牧者永遠都不應該感到，自己需要滿足求助者的所有需要。他們倒應該視自己為經紀人，使向他們求助的人接觸基督的身體和生命那些能夠帶來醫治的資源。這種團契的醫治潛力很少得到完全實現。但當教會朝著屬靈友誼的羣體這個理想邁進時，牧者便能夠建立獨特和無價的資源。

牧養輔導的背景最後一個特點和牧者與會友繼續接觸有關。正如較早時指出，牧者在關係的網絡中提供輔導。在這個網絡裏面，人們在多種場合中見面。這樣能夠促成信任，為輔導過程帶來很多方便。這也表示牧者往往可以在問題變得嚴重前已經發覺問題的存在，並有機會及早介入。心理治療師往往要遲很多才見到求助者。而且，他們也不能主動接觸有需要的人。

牧養輔導的目標

清楚明白輔導的目標，是任何輔導關係中一個相當重要的方面。沒有清晰的目標，輔導會變成沒有目的的活動，手段也會變成了目的。而且，輔導的目標比任何其他方面都更能夠決定輔導的性質，甚至比運用的技巧更關鍵。如果牧養輔導要變得獨特，它的目標必須清晰和明確。

牧養輔導的主要目標是促進靈命成長。好像其他輔導員一樣，牧者嘗試為帶到他們面前的困難，儘可能提供各種幫助。但他們的主要目標不是解決那些困難。他們的目標是幫助人們從自己與神的關係中，明白自己的困難和自己的生命，然後根據這個理解，活得更豐盛。這樣做時，牧養輔導員朝減低困難努力，因為正如愛任紐(St. Irenius)提醒我們，神的榮耀是有完全生命的男男女女。但困難永遠都不應該是主要的焦點。焦點應該是活在神面前的整個人。

牧者的工作前提是，靈命成長既是所有人類整全的基礎，也和整全所有其他方面有關。生命沒有任何領域是不包括在靈性裏面的。因此，沒有任何生命領域是和牧養輔導無關的。無論焦點是面對喪親時的憂傷、在關係中的衝突、和職業方向有關的事情、在禱告方面的掙扎、一些陷溺、或面對疾病或死亡臨近時的焦慮，挑戰都是幫助求助者將神學反省帶到生命經驗之中，藉以幫助他們靈命成長。

提出牧養輔導員的主要關注是促進靈命成長，並不表示他們只關心，或者主要關心似乎屬於靈性方面的問題。所有問題都有靈性的元素，因為整個生命都是宗教或靈性的。而且，在日常的生命經驗和掙扎中，靈性問題最清楚地浮現出來，而這些經驗和掙扎也自然是任何輔導關係的焦點。牧養輔導的獨特性不在於它處理的問題，而是在於它的目標。

要將這個靈性焦點帶到有關問題，牧者需要很有技巧。他們必須先分辨出一個特定問題或經驗的屬靈意義，然後才溫柔地指出那意義。這要求牧養輔導員對聖靈敏感，因為聖靈才是真正的輔導員。牧養輔導員應該敏銳地察覺到自己倚賴聖靈，正如他們察覺到醫治不是來自巧妙地運用技巧，也不是來自生命本身，而是來自神，祂存在於生命中，作為一切成長和建設性改變的源頭。

牧養輔導的資源

最後，牧養輔導運用宗教資源，這是獨特的。禱告、聖經、聖禮、抹油、按手和靈修性或宗教性作品都(視乎個人的宗教傳統)是輔導過程中的潛在資源。不能運用任何這些資源，顯示個人的輔導那獨特的牧養面向受到損害。

不過，我們應該留意，這些資源首先和首要地是供牧養輔導員運用在自己的生命中。只有當牧者將這些資源有意義地運用在個人生命中，他們才能夠恰當地在輔導中使用這些資源。

提供輔導要求付出很高的個人代價。輔導一個迷惘、受傷、憤怒或懼怕的人，需要吸收很多那人的憂傷。我在別處曾經提出，這樣吸收求助者的苦難和疾病，是不完全地反映神如何以醫治來回應活在罪中的人類(Benner 1983)。雖然牧養輔導員的行動，並不如耶穌吸收我們的罪那樣，帶來終極的拯救效果，但卻是治療過程中不可或缺的部分。

輔導要付上的個人代價也提醒我們，為甚麼輔導員那麼需要不斷透過讀經、禱告和聖禮更新自己。只有當自己的屬靈電池不斷得到充電，才能夠期望自己有東西可以給予別人。只有自己個人與主同行，才能夠找到力量不單揹起自己的擔子，也揹起別人的擔子。

將這些宗教資源應用在輔導時，必須小心和靈敏地進行。尤其重要的是，牧者需要明白求助者怎樣經驗這些資源。對某些人來說，禱告、讀經和其他宗教資源，都帶有沉重、負面的情感重擔。運用這些資源時，也很容易引起不恰當的罪疚感，或不必要的不安，亦可能妨礙富創意的對話。

例如：有些去找牧者的人，會感到牧者利用禱告來逃避直接參與的談話。同樣，讀經也可能被視為牧者用來隱藏在神聖權威背後的方法。宗教語言和實踐給牧者相當方便的方法，逃避認真的對話這個要求；而退入宗教權威的角色，可能是在不安或感到受威脅的情況下，試圖保持控制（Hulme 1981）。真正的對話要求除去控制，冒不能估計結果的風險。但真正的對話容許我們離開自己，和對方相遇。如果對方是牧養輔導員，和聖靈有接觸，那相遇便有帶來真正轉化的潛能。

因此，重要的是，牧者需要知道，為甚麼在某個情況下運用某種宗教資源。那是否要避免談論一個令人不安的題目的方式？或者是否要過早提供保證，甚至是解除個人自己的焦慮或沮喪的方式？要回答這些問題，牧者必須認識自己，能夠客觀和誠實地反省自己的行為。沒有這種自我檢視，牧養輔導往往只是在形式上交換陳腔濫調。

要在輔導時恰當地運用宗教資源，牧者首先要知道求助者的困難、他／她的宗教背景及現時對宗教的態度。這表示需要進行評估。而且，在運用這些資源之前，牧者需要問這些資源是否有意義，或者是否得到他們的重視。這顯示牧者尊重求助者的感受和信仰，而且這樣往往能夠開展關於屬靈衝突和障礙的有益討論。當然，即使牧者選擇不在那節輔導禱告或讀經，也不會限制他們在其他時間這樣做。

克萊恩貝爾（Clinebell）指出，宗教資源總應該用來給人力量，而不是減低他們的主動意識、力量或責任（Clinebell 1984, 123）。這對那些有倚賴傾向，和容易倚賴牧者禱告或讀經的「法力」，而不是學習自行運用這些資源的人尤其重要。對待這種人，適當的做法往往是由牧者要求他們自己禱告，而不是單為他們禱告；或者在為他們禱告後，也要求他們自己禱告。

克萊恩貝爾也提出，牧者運用這些資源的方式應該能「促進而不是阻礙承認和淨化負面感受」（123）。例如：可以透過鼓勵他們默想一些經文，如：詩篇六篇6節（「我因唉哼而困乏」）、詩篇十三篇1至2節（「……你忘記我要到幾時呢？……我……終日愁苦，要到幾時呢？」）、詩篇三十一篇10節（「我的生命為愁苦所消耗」）、詩篇六十三篇9至10節（「但那些尋索要滅我命的人必往地底下去；他們必被刀劍所殺，被野狗所吃。」）、詩篇七十三篇13至14節（「我實在徒然潔淨了我的心……我終日遭災難……」）、詩篇一〇九篇8、10、14節（「願他的年日短少……願他的兒女漂流討飯……願他祖宗的罪孽被耶和華記念！願他母親的罪過不被塗抹！」）等經文，達到這個目的。這些經文以及大量其他聖經經文，都清楚表明神十分習慣自己的百姓表達強烈、粗糙的感情；祂也邀請他們在迷惘、疑惑、憤怒、沮喪和哀傷時來到祂面前。

這些宗教資源的本質是，能夠在神和尋求牧者幫助的人之間提供動態的接觸。因此，運用這些資源時一定不能機械化、墨守成規或法術化。不過，如果明智地使用，這些資源可以獨特地幫助求助者感受到有位格的神和自己同在帶來的關顧、醫治和支持。如果這些資源促進個人與神的接觸，對輔導過程會有無可替代的貢獻。如果這些資源不能提供這種接觸，便很可能是被誤用。

牧養輔導的定義

檢視了牧養輔導的獨特性後，現在應該嘗試更正式地為牧養輔導下定義。**牧養輔導涉及建立一段有時間限制的關係，給受困擾的人安慰。藉著促使察覺神的恩典和信實的同在，使他們因為明白這一切而更有能力活得更完全。**

神的百姓知道祂是奇妙的輔導者。牧養輔導的本質是幫助受困擾的人將他們的受傷、掙扎、疑惑和焦慮帶到與神動態的醫治接觸中。這是牧者能夠做的最重要事情。任何能夠促成這樣直接和動態地與神接觸的東西，都應該受到歡迎，被視為牧養輔導的合法部分；任何妨礙這種接觸的東西，都應該避免。牧者提供的幫助，主要不是關於他們有能力為問題的性質提出複雜的構想，也不是關於他們能夠熟練地實行輔導技巧和介入。而主要是他們能夠向他們輔導的對象傳遞神同在的能力帶來的結果。透過他們的言語和存在，他們應該使人更接近神。神是醫治、支持、引導、培育祂的百姓，並與他們復和的。

稱為牧養輔導的特殊關係是有時間限制的關係。這並不是牧者和所有會友之間一直持續的牧養關顧關係。牧養輔導的建立，是為了回應會友要求的幫助；

它的結構是為了促成它的目的，並會在目的達到時結束。其他牧養關顧責任通常都只會在那個人離世或離開教會或羣體時才結束。牧養輔導本質上卻是一種特別和獨特的關係。就好像急症室的照顧一樣，它是一種深入治療的形式，應該儘快由更正規和持續的關顧取代。在這裏，那種關顧就是牧養關顧。

牧養輔導在運用經安排的關係，減輕痛苦和促進成長這方面，和其他輔導形式有關連。牧養輔導員嘗試幫助有困難、向他們求助的人。在這方面，他們好像其他輔導員一樣。不過，他們提供幫助的方式卻是獨特的。他們藉著代表基督徒的價值觀和理解，並透過帶領別人和在輔導員以外，帶來幫助及醫治的來源的接觸，從而提供幫助。在這方面，牧養輔導員總會視神為輔導過程中的伙伴，而這種伙伴關係應該能夠在很大程度上減輕輔導員背負受困擾的人的重擔帶來的壓力。

牧養輔導的訓練、角色、背景、目標和資源結合起來，令牧養輔導員和其他專業輔導員相比時，擁有一些優勢。表二總結了其中幾個優勢。

表二：牧養輔導員的優勢

有能力將神學反省帶到人生經驗中

有屬靈焦點的整全視角

可以運用宗教和教會資源

因為知道牧者的價值觀和世界觀而有的信任

關係不限制於輔導的角色以內

無論會否得到報酬都可以提供服務[1]

支持簡短的牧養輔導

本書的初版在一九九二年問世時，只有另一種短期牧養輔導的模式存在（Childs 1990）。和一般輔導一樣，當時的牧養輔導主要是長期的工作。人們認為簡短的輔導很表面，假定這種輔導不能觸及問題的核心，只能處理一些表面病徵。因此，人們假定，除了為那些經歷危機的人所提供的支持外，簡短的輔導不能帶來多少真正的幫助。人們通常也假定，任何和短期的輔導有關的輕微改變，都只能維持一段短時間。

因為有這些偏見，大部分人都認為短期的輔導不及長期的輔導，也就不足為怪了。牧養輔導員為了避免被視為次等和膚淺，傾向傳統的長期輔導取向，也同樣不足為怪。

但隨著管理健康護理興起，開始產生改變。輔導員和心理治療師突然面對縮短輔導時間的壓力。雖然輔導員抗拒這種改變，卻驚訝地發覺，簡短的輔導往往相當有效。事實上，輔導員很快便發現，簡短的輔導並不是長期輔導的劣質替代物，這種輔導往往同樣有效。幾十年的研究足以肯定這個初步的發現（Lambert and Bergin 1994）。

支持短期牧養輔導的論據更強。對提供輔導的牧者來說，可用的時間、多元的責任和在心理學方面的典型背景，往往都是支持他們採用簡短的輔導取向的強烈理由。

我認識的牧者中，沒有任何一個有時間見教會內所有需要輔導的會友。即使以關顧和輔導為主要職責的牧者，也感到時間不夠。其他責任帶來的壓力，通常都令牧者只能夠見有嚴重危機的人。這是不幸的，因為這破壞了牧者的獨特優勢——及早介入和提供以預防為本的輔導。不過，正如所有牧者都知道，事奉的要求是永遠存在的壓力，限制了他們可以用來輔導的時間。很明顯，簡短的輔導取向能夠配合可用的時間。

牧養處境中支持簡短的輔導取向的第二個原因是，教會牧者扮演著多重角色。我們已經指出，牧養輔導員往往和輔導對象在其他方面有聯繫是一個優勢。很多會友都喜歡在需要輔導時向牧者求助，正是因為牧者已經是他們關係網絡的一部分。

但牧者這樣轉換身分也有潛在的麻煩，特別是當牧者在其他環境和角色中遇到他們輔導的對象時。兩人在一次特別困難的輔導時段結束後，在教會的晚宴碰面時，可能會感到不自在。牧者講道後，尋求輔導的人在教會大門遇到牧者，牧者和他們打招呼，問及他們的近況時，他們可能不知道應該怎樣回應。為了消除這些麻煩，心理治療師嘗試限制所有在治療以外的接觸，而且他們通常都拒絕輔導和自己有其他關係或交往的人。提供輔導的牧者明顯不能這樣做。但他們有一個方法將角色矛盾儘量減低，就是將輔導關係維持在短時間內。

最後，正如較早時指出，大部分牧者的心理學訓練和他們應該採用哪一種輔導模式有很密切的關係。有些牧養輔導的模式假定牧者對性格和心理治療理論有深厚的知識，這對那些只修讀過一、兩個牧養心理學或輔導課程的牧者沒有多大用處。[2]大部分牧者都沒有提供深入心理治療，或為受到嚴重困擾的人提供完整的治療所需的背景。和所有其他專業輔導員一樣，牧者必須清楚自己能力的限制，隨時準備和樂意在自己力所不及時轉介求助者給別人。我們不應該以牧養輔導取代其他醫學或心理治療。不過，在牧養輔導的限制內，仍然有很多事情可以做。即使在求助者需要其他治療時，牧養輔導仍然是整全關顧中獨特和寶貴的補充。簡單來説，牧養輔導適合任何人；但對某些人來説，牧養輔導可能並不足夠。

以這些考慮為基礎，似乎最好是將牧養輔導定為簡短的輔導。大部分牧者的時間有限，長期、密集的治療並不能好好地運用他們的時間，而且大部分牧者也不具備這種治療所需要的訓練。短期輔導也讓牧者避免伴隨著長期輔導關係對轉介可能出現的最強烈反應。最後，短期的牧養輔導更適合有多種事奉責任的牧者。

自從這本書的初版問世以來，出現了好些短期牧養輔導的取向。斯通(Stone)發展了其中一個這種取向(Stone 1994)，他也編輯了一本很好的書籍，綜覽了十種其他取向(Stone 2001)。最近，他指出這些不同取向最重要的共通點是，「令人們朝自己選擇的積極方向邁進，然後退出」(Stone 1999, 43)。所有這些取向都要求牧者放棄偉大的目標——例如改變性格或解決一個人的所有問題——並明白微小改變的價值。這些改變能夠打破惰性，令人開始朝積極的方向邁進。所有這些取向都高度專注於整個過程中的主要目標，輔導的安排都確保各節輔導穩定地朝這個目標前進。策略性牧養輔導的設計也是要做這些事情。現在我們進而討論怎樣進行這種輔導。

進深閱讀

Browning, D. 1976. *The moral context of pastoral care*. Philadelphia: Westminster。這本經典著作將牧養關顧定義為「道德探索的方法」，它對牧養關顧和輔導中道德考慮扮演甚麼角色的討論，令它值得受到持續歡迎。

Campbell, A. 1985. *Professionalism and pastoral care*. Philadelphia: Fortress。這本書對在事奉中專業精神有甚麼限制和危險的討論，能夠刺激人們思考。

Clebsch, W., and C. Jaekle. 1964. *Pastoral care in historical perspective*. Englewood Cliffs, N. J.: Prentice-Hall。這本書概述了牧養關顧的歷史，對明白牧養輔導員的角色尤其有幫助。

Clinebell, H. 1984. *Basic types of pastoral care and counseling*. Nashville: Abingdon。這本書很好地概述了牧養輔導的各個方面，特別強調它的獨特性。

Doehring, C. 1995. *Taking care: Monitoring power dynamics and relational boundaries in pastoral care and counseling*. Nashville: Abingdon。這本書對在牧養輔導和關顧的權力的動力提供有用的討論，對任何牧養輔導員都有幫助，是那些不明白這個問題的人必不可少的讀物。

Hulme, W. 1981. *Pastoral care and counseling*. Minneapolis: Augsburg。就牧養輔導員獨有的基督教資源提出了很好的討論。

Oates, W. 1962. *Protestant pastoral counseling*. Philadelphia: Westminster。很好地概述了牧養輔導的每個方面，對牧養輔導員的角色和目標的討論尤其有幫助。

Stone, H., ed. 2001. *Strategies for brief pastoral counseling*. Minneapolis: Fortress。很好地概述了當代十一個簡短的牧養輔導取向，全部都強調牧養和教會。

Wimberly, D. 1990. *Prayer in pastoral counseling*. Louisville: Westminster/John Knox。對禱告在輔導中怎樣可以不單用作技巧，更是作為過程的核心，進行了很好的討論。

註釋：

1. 雖然教會牧者提供的輔導通常都不收費。大致來說，這是一個優點。但不收費有時會削弱人們對輔導過程的承擔。關於和輔導收費有關的複雜臨牀問題十分有用的討論，參 Danco（1982）及 Benner（1999）。Campbell（1985）對牧養輔導的專業性的討論也值得留意。
2. Childs 的著作（1990）是這種模式的一個好例子。這個模式取自心理分析和心理治療，要求一定程度的臨牀技巧和複雜的理論，通常只有受過高深的牧養輔導或臨牀牧養教育訓練的人才能夠應付。

3

策略性牧養輔導模式

策略性牧養輔導是簡短、有系統的輔導取向，有明顯的基督教特色，採納當代輔導理論的洞見，而又不致犧牲牧養事奉的資源。**策略性**這個詞強調這個輔導取向是高度集中和有時間限制的。**牧養**這個詞指出這種輔導由基督教會的代表提供，這個代表向教會負責。**輔導**這個詞的意思是，提供的幫助是圍繞尋求牧者協助的人遇到的困難。

這個模式的七個特點是特別重要的。策略性牧養輔導是簡短和有時間限制的、是整全的、是有系統的，包括在各節之間給予習作，以教會為基礎，以靈性為焦點，並明顯有基督教特色。表三總結了這些特點。以下會順序逐一討論。

表三：策略性牧養輔導的特點

簡短和有時間限制

整全

有系統

包括給予習作

以教會為基礎

以靈性為焦點

明顯有基督教特色

簡短和有時間限制的輔導

輔導可以是簡短的(也就是運用比較少的節數),或者有時間限制的(也就是在開始時定下一定數目的總節數),或者兩者都是。策略性牧養輔導是既簡短,又有時間限制的。我們建議以五節為上限。

有時間限制的輔導包含簡短輔導的所有優點,同時還有另一些優點。輔導員和求助者在開始時已經知道輔導的總節數。從第一次接觸開始,便開始計時。牧者和會友都被迫不斷維持著焦點和方向。當代版本的有時間限制輔導通常將總節數定在十至十五節之間。不過,對牧者提供的大多數輔導來說,這已經超過需要。撰寫這本書的初版時所進行的背景研究顯示,由一般的牧者提供的牧養輔導,百分之八十七都只涉及五節或以下。因此,我們建議策略性牧養輔導不超過五節。

所有簡短、有時間限制的輔導都有表四列出的四個共同原則。這些原則也是策略性牧養輔導的定義性原則。

表四:簡短、有時間限制的輔導的原則

輔導員必須積極和給予指示

輔導關係必須是伙伴關係

輔導必須集中處理一個主要和特定的問題

必須維持時間限制

策略性牧養輔導員必須積極和給予指示

策略性牧養輔導要求輔導員既積極又給予指示。羅傑斯(Carl Rogers 1961)的非指示性輔導取向強調聆聽的重要和要求。雖然這取向作出了重要貢獻。但和這個傳統有關的被動態度卻不大適合策略性牧養輔導員。在任何簡短、有時間限制的輔導中，輔導員都有責任指導每一節輔導的內容和過程。典型的情況是，在任何一節，策略性牧養輔導員和會友都有同樣多的話要說。對比起來，在長期的輔導，輔導員往往比接受輔導的人少說很多話。不能採取這個積極給予指示的姿態，就是不能提供策略性牧養輔導第一個和最基本的元素。

正如我們稍後會看到，這種更積極的姿態永遠都不能犧牲細心的聆聽。令策略性牧養輔導和講道不同的，正是這種輔導涉及對話而不只是獨白。良好的對話總要求細心、專注的聆聽。這種聆聽是治療性對話的基礎。這種專注、同情的聆聽絕對不是和作為策略性牧養輔導標記的積極風格不相容的。

讓我們聆聽第二節輔導的一部分，感受一下積極和指示性的聆聽的性質。魯迪(Rudy)一直在告訴牧者自己的信仰危機，而他們同意以此作為他們專注的中心問題。不過，他與神的關係，和他與人的關係不斷糾纏在一起。在輔導的這段時間，魯迪正在說以下的話。

魯迪：我發覺自己對問題的興趣比答案大得多。我表達自己的疑問時，教會大部分人都只視之為邀請他們提供他們喜愛的陳腔濫調作為答案，真的令我苦惱。似乎沒有人有興趣聽我的經驗、我的疑惑、我的旅程。教會似乎被好問題嚇怕，真的令我厭煩。我的意思是，教會不是為尋道者而設的嗎？還是它只是為發現者而設？如果它只是為發現者而設，我不想和它有任何關連。

牧師：我聽到你對在教會遇到的人感到失望。我相信我們對教會應該是個甚麼地方的見解十分接近。但我想幫助你將注意力集中在你希望和我一起探討的問題上。告訴我多些關於現在對你來說最重要的問題的事情吧。

評論：牧師頗為清楚地表示，她聽到魯迪的感受。但在前一節輔導中，他們已經同意以他的疑惑和在神學方面的掙扎為焦點，而不是放在他的教會經驗上。當然，兩者是有關連的，但要保持大家同意的焦點，牧師必須給予指示，而不單是同情。

策略性牧養輔導關係必須是伙伴關係

要在短時間內達到目的，策略性牧養輔導必須建基於牧者和會友之間的伙伴關係。雙方必須朝同一個方向一起努力。

在第一節開始，牧者與會友接觸的一刻，伙伴關係便告開始。牧者不是以專家的身分和會友接觸，解決會友的問題；而是陪伴會友，和他們一起達至新的理解，全新地運用資源，應付麻煩的人生經歷。這樣一起努力，包括同意主要問題的性質，以之為輔導的焦點，以及同意要改變的目標。雙方都積極參與這個過程。策略性牧養輔導是牧者和會友合作的成果，或者更準確地說，是牧者、會友和神合作的成果。

在這伙伴關係中，每一方都有重要的角色。會友的角色是，儘可能開放和誠實地從牧者提出的不同視角探討那個問題，儘可能開放和接納過程中遇到的感受。牧者的角色是聆聽、聚焦和引導那個過程，既留意會友，也留意聖靈。聖靈的角色是引導那個過程，以及引導雙方，令會友更深入地與神相交，在目前的生命處境中，更豐富地支取聖靈生命的圓滿。

策略性牧養輔導必須集中處理一個主要和特定的問題

短期和長期輔導最重要的分別是，短期輔導主要只處理一個問題。在這方面，我們可以將簡短、有時間限制的輔導比作將車子送到車房換油，而不是交給技師，對他說：「替我檢查車子，將所有故障修理好。」

策略性牧養輔導只是專注於生命經驗的一個方面。這和更持久的屬靈導引關係不同。屬靈導引的目標是達至靈命成熟。策略性牧養輔導的目標微小得多——從神對求助者的旨意，檢視一個特定的問題或生命經驗，嘗試透過目前的生命景況，促進成長和醫治。雖然這個目標仍然具有頗大的野心，但策略性牧養輔導專注於目標這個本質，令目標可以在短時間內實現。

求助者的主要關注必須是找出成為輔導焦點的問題。這個決定不是牧者的責任。合作同工的這部分，必須由牧者和會友一起參與。不過，牧者的責任是確保能夠找出主要關注，並可以將主要關注比較具體地組織起來。

例如：有些尋求輔導的人可能在第一節輔導時談及對婚姻感到不滿，對一個朋友的死有不能排解的悲傷，以及不能確定事業前途。這些問題中，哪一個才是主要關注？答案只能夠由求助者提供，而且只有在牧者和求助者討論後才能夠得到。牧者可以就甚麼可能是主要問題，以及甚麼是輔導的最佳焦點提供意見。不過，這焦點最終都要得到雙方同意。

牧者在這方面的責任是催促會友澄清這個主要關注是甚麼。魯迪為了他所謂的「信仰危機」而向牧者求助。在第一節輔導開始時，他為自己在教會出席率低提出藉口，提及他近期閱讀的一本書，並抱怨妻子批評他的神學觀點愈來愈傾向自由派。聽了一段時間後，牧師接著說：

牧師：似乎你對教會的感受，或者更具體地說，你對神的想法和信仰，是你希望和我討論的核心。我這樣說對嗎？

魯迪：事實上，主要是我對神的想法。我猜想它們和我對教會的感受有關，但我想和你討論的是那些我似乎不再相信的事情。我不想你嘗試告訴我，我應該相信甚麼。我希望你容許我懷疑——這樣以及能夠和你分享我的疑惑和信仰會是一份真正的恩賜。這聽起來合理嗎？

同樣重要的是，焦點需要具體。「我對生命不滿」太籠統，不會有甚麼幫助，這和「我對與別人的關係感到不高興」一樣。「我抑鬱，需要別人幫助」或「我需要別人幫助，明白為甚麼我對婚姻感到不滿」則合適得多。必須找出一個對牧者和會友都有意義的具體關注，而正如我們會在下一章詳細討論那樣，這個關注必須在第一節輔導結束前找出來。

必須維持時間限制

對大部分牧者來說，輔導其中一個相當困難的方面是為那關係定下必須有的界限。界限是生命的一部分、是神命定的，並非只是在二十一世紀向極速的生命讓步。長遠來說，如果輔導一再無視界限，永遠都不會有幫助。因此，定下界限是所有負責任的輔導的一部分。

時間上的界限並非策略性牧養輔導的惟一界限。明智的輔導員不會為家人或和自己有公務來往的人提供輔導。他們也不會為自己害怕、令自己感到不自在、或引起自己性欲的人提供輔導。他們也發覺，自己往往不是幫助那些自己十分認同的人的理想人選。有時，求助者的強烈負面反應，也是將對方轉介給同事的好理由。

不過，策略性牧養輔導的主要界限是五節這個時間限制。這個數目是基於牧者在輔導會友時所花的平均節數得出來的。雖然在五節後結束輔導可能令牧者感到自己有點殘忍，這樣做對會友幾乎從不會帶來任何嚴重問題，最終更會被視為謹慎的規則，而且有重大的好處。

輔導不超過五節這個限制應該在第一節結束前告訴求助者，最好是在商討何時進行第一節輔導時便告訴對方。應該透過簡短和直接的話告訴對方。例如：「我要讓你知道，我的輔導是短期的，最多不超過五節。我們會在開始時決定我們見面的頻密程度。但我希望在開始前讓你知道我的整體取向。」類似這樣的話差不多總是人們樂意接受的。事實上，對那些以為輔導是長期委身的人來說，這會是一個安慰。那些佔很小比例，尋求和牧者建立長期關係的人，聽到這個消息時會感到失望，但這樣可以令他們留意，他們在參加第一節輔導時應該準備好，否則便乾脆不要參加。

但那些需要超過五節輔導的人又怎樣呢？應該轉介這些人給合適和合資格的輔導員。這麼一來，那五節輔導的目標便應該包括為轉介作準備(下一章會討論這個問題)。好些專業治療師團體均提供長期輔導，牧者應該留意社區內可供轉介的資源。

將輔導限制在五節內的另一個含意是，正如調校汽車的情況一樣，求助者將來可能會回來尋求進一步幫助。我們沒有假設，策略性牧養輔導能夠將人的問題一勞永逸地解決。為輔導節數設限，可以防止建立具倚賴性的關係，鼓勵人們繼續處理自己的問題。將來如有需要，求助者可以回來尋求進一步幫助。用另一個比喻來說，這種模式和我們與醫生的關係相似。通常我們有病時會見家庭醫生，期望他們就那些問題提供醫療幫助。當我們面對另一些問題時，會再去見醫生。策略性牧養輔導也是採取這個做法。這種輔導是短期和有焦點的，除了極少數例外，這種輔導最多只需要進行五節。

關於這個限制，有相當重要的一點需要指出：五節輔導不需要在對應的五個星期內進行。事實上，很多牧者都發覺，每星期一節不及每隔兩、三個星期一節有效。將最後幾節分開尤其有幫助。即使最初幾節是每週進行，也應該考慮將最後幾節分隔開來。不太頻密的輔導，讓會友有更多機會將在某節學到的東西應用出來，然後用其餘幾節處理這些生命經驗。

策略性牧養輔導必須實行的另一種時間限制，是每一節輔導維持的時間。應該標準化和維持每一節輔導的時間。沒有這樣做並非顯示有彈性和有同情心，而是不能為輔導提供必須的結構。如果一節輔導超過九十分鐘，成果往往並不理想。大部分牧者也發覺，短於三十分鐘一節也沒有多大用處。雖然一小時的好處不單在於是習慣，但大約五十或六十分鐘一節並沒有甚麼神聖之處。重要的是確立每一節的有效標準時限，並維持這個限制。

整全的輔導

提出短期輔導取向也應該是整全的，可能會令人感到驚訝。但這是既可能，也十分可取的。

和**整全**這個詞有關的多元世界觀，以及這個詞近年的受歡迎程度，令一些基督徒忘記了將人視為整體——而不是多個部分的集合體——其實是有深刻基督教色彩的。聖經的心理學明顯是整全的心理學（Benner 1988, 1998）。人的不同「部分」（也就是身體、靈魂、靈、心、肉等）並不是分開的官能或人的獨立部分，而是看整個人的不同方式。聖經討論人時，首先和首要的強調是我們存有的絕對統一。只有從這個基本和不能化約的整體，才能夠最終地理解人。真正基督教的助人努力，必須抗拒一種試探：單單透過別人的思想、感受、行為或其他存在的顯示來看他們。

整全輔導以外的選擇包括只專注於這些功能的其中一個形態。不幸的是，很多輔導取向正是這樣做——每一種都傾向專注於人類功能的其中一個有限領域，而忽略其他領域。因此，行為治療師專注於行為；認知治療師專注於思想；經驗治療師專注於感受；心理分析治療師專注於潛意識。不幸的是，基督教的輔導取向往往也好不了多少。亞當斯（Adams）的勸誡式輔導專注於行為（Adams 1970），而克萊布（Crabb）的聖經輔導則專注於思想（Crabb 1977）。

對比起來，策略性牧養輔導主張牧養輔導必須對個人功能的行為（行動）、認知（思想）和情感（感受）等元素都完全和同等地給予回應。將每一方面分開研究，可能會令一個人的真實情況變得模糊。相反，一起研究這些元素，便可以得到全面評估和有效介入的基礎。策略性牧養輔導提供一個框架，確保這些功能的每一方面都得到處理，而這個框架很大程度上為這種輔導提供結構。

有系統的輔導

人們往往將長期心理治療比作一盤棋。我們可以頗為詳盡地描述開始和結束的幾步棋，但大部分過程卻較難描述。因此，雖然長期輔導員可以頗為合理和清楚地描述開始的評估和結束的過程，但要具體描述中間的各節輔導應該做甚麼卻困難得多。

相對起來，短期輔導通常都更有系統。是這系統令這種簡短的輔導的介入變得可能。每一節都有一個清晰的目標，每個目標都建基於前一個，有助達成整體目標。

組成策略性牧養輔導的框架有一定的緊密程度，讓牧者可以在五節內提供整全的評估和輔導性介入。但這個框架也有足夠的彈性，容許輔導員有不同的個人風格。這是重要的，因為輔導主要不是一套技巧，而是兩個人之間的親密相遇和對話。雖然這種相遇的結構是有規則的，但這些規則和其他人際關係的規則在很多方面都不同，不過卻仍然是高度個人化的。這種相遇必定涉及輔導員性格的流露；因此，不能期望有兩個輔導員以完全相同的方式做事。

所以，良好的輔導總涉及系統和自由的結合。規則、技巧和理論提供結構，但也必須容許個人風格的表達。良好的輔導員在計劃助人關係時相當有紀律。不過，這種紀律和計劃融入了他們的個性中，不應該妨礙角色背後的個人。接受輔導的人也不一定需要看到那個計劃。但計劃仍然是重要的。避免一切計劃的輔導員的輔導傾向沒有紀律。過分重視自由和彈性的結果是令輔導沒有焦點，很容易自自然然，而不是有計劃地變成長期的輔導。

策略性牧養輔導的結構源自它嘗試處理構成求助者的困擾經驗的一部分，包括感受、思想和行為。這個結構也回應輔導員面對的不同任務——例如進行初步評估，概括地了解問題和求助者的主要需要，選擇和進行介入，以及選擇能夠帶來幫助的資源。我們會在下一章更詳細討論這個結構。

給予習作的輔導

如果策略性牧養輔導要在五節內實現一些有價值的事情，會友在每一節輔導都必須預備做一些有成效的事情。在各節之間所做的工作是一個重要的方法，藉以維持動力，和提供能夠在輔導時檢視的真實生活經驗。

習作可以有很多種不同形式。有些策略性牧養輔導著重閱讀有助明白正在探討的問題的材料。閱讀治療——或者治療性地使用閱讀——在基督教靈魂關顧中有悠久和輝煌的歷史。在為本書初版進行背景研究時，我們接觸的牧者中，有超過三分之二均表示，他們會借或送書籍給他們輔導的對象。過去十年採用策略性牧養輔導的牧者給予的非正式回應也顯示，至少有相同比例的牧者繼續這樣做。

當然，聖經是很豐富的閱讀治療資源。歷代教會都在輔導中鼓勵求助者閱讀聖經，清楚反映了人們察覺到，聖經可以成為帶來醫治、支持和引導的獨特資源。這樣使用聖經，和聖經成書的時期同樣久遠。舊約的智慧文學和新約的教牧書信，最初都是為了提供屬靈指引和支持而寫成的。在輔導時使用聖經，必須有紀律和選擇性，並特別小心，確保不會以機械化和非個人的方式進行。如果使用得宜，聖經可以成為提供輔導的牧者最有動力和力量的資源。

不過，雖然聖經是獨特的治療性資源，卻不是惟一的資源。很多牧者都表示，他們送或借靈修和感召性書籍給輔導對象。近年，我送或借出了多本盧雲(Henri Nouwen)的《浪子回頭》(*Return of the Prodigal Son*; 1994)，以致希望自己當初曾大量買入這本書。克萊布近年的書(1997, 2001)也深受歡迎。還有陶恕(A. W. Tozer)、畢德生(Eugene Peterson)、曼寧(Brennan Manning)和羅爾(Richard Rohr)的書也是這樣。這幾位只是其中一些我喜歡的作者。你一定也有自己的選擇。

處理某個特定問題或經驗的書籍也有幫助。我個人使用過的有史密德(Lewis Smedes)的《饒恕與忘卻》(*Forgive and Forget*; 1984)、楊腓力(Philip Yancey)的《無語問上帝》(*Disappointment with God*; 1988)、魯益師(C. S. Lewis)的《痛苦的奧祕》(*Problem of Pain*; 1940)和《卿卿如晤》(*A Grief Observed*; 1961)以及艾倫(Diogenes Allen)的《敵對世界中神的蹤迹》(*Traces of God in a Frequently Hostile World*; 1981)。原本為了配合本書而撰寫的書籍[1]也很大程度地擴闊了很多策略性牧養輔導員的面對面輔導。

不過，閱讀又不是在各節之間惟一可以給予的習作。有些策略性牧養輔導員運用行為排練——要求會友練習他們想在現實生活中實行的技巧(也就是堅定)或行為(也就是演說或要求擢升)。另一些策略性牧養輔導員則鼓勵求助者，以寫札記作為輔助懷著禱告的心反省經驗的方法。要求受助者與經細心挑選和得到他們信任的人，分享他們在輔導時探索到和學到的東西也相當有幫助。即使鼓勵會友在兩節輔導之間花時間檢討上一節輔導，準備報告甚麼有用、甚麼沒有用這樣簡單的事情，也有助保持動力，將在牧者辦公室發生的事情連繫到那個星期的其他時間。

習作並非絕對必要。有些牧者發覺習作並不配合他們的個人風格，不給予習作也能夠保持焦點和動力。不過，大部分策略性牧養輔導員都表示，讓會友在各節輔導之間做一些和他們正在進行的事情有關的工作，是十分有益的，即使這只涉及問會友他們覺得在下一節輔導開始前，甚麼對他們會最有幫助。

以教會為基礎的輔導

現在我們應該清楚明白，策略性牧養輔導不只是牧者在教會的辦公室外實行私人的輔導。策略性牧養輔導的牧養部分，要求和教會有更整全和有意義的連繫。同樣，可以有很多不同的方法這樣做。不過，底線是不單牧者本身，輔導也需要以教會為本。

這表示，教會最低限度要明白和肯定，輔導是牧者在教會整體工作的一個重要部分。雖然明顯需要保密，牧者和教會領袖分享自己輔導的性質，讓他們以禱告及其他方式給予支持，可能是合適的。

除此之外，教會對那些尋求牧養輔導的人，應該發展多種輔導以外的支持。很多教會嘗試為羣體提供有動力的事奉，都設有各種支持小組。這些小組可以專注於一些特定問題(例如：酗酒或吸毒、兒童受到性侵犯、喪親或離婚)，有更廣泛的目標，或者為那些經歷正常人生階段的人(例如：傷痛和損失、為人父母、婚姻方面的溝通和親密、轉換工作或退休)而設。研經小組、團契以及其他教會的關顧和事奉小組都是可以補充策略性牧養輔導的資源。

策略性牧養輔導員能夠將輔導維持短期這種性質的其中一個重要方法是，將求助者和教會中能夠提供部分幫助的人連繫起來。例如：牧者可以將單親母親和教會中能夠就日間託管、財政計劃、家庭維修或交通等基本任務或責任提供幫助的人連繫起來。或者可以將一對年輕夫婦和一對比較年長的夫婦連繫起來，藉著友誼和榜樣，在他們的婚姻掙扎中給予幫助。讓我們以牧者怎樣將凱文 (Kevin) 這位二十多歲的年青人和教會其他人連繫起來作為例子，説明這點。

凱文最初在一次主日崇拜後和牧者談話，表示自己剛來到這個城市，是那間教會的訪客。費爾南多牧師 (Rev. Fernando) 告訴凱文，她很高興凱文來到他們的教會，並鼓勵他，如果牧師或教會有甚麼能夠幫助他，他可以隨時和他們聯絡。兩天後，凱文致電費爾南多牧師，表示如果牧師有時間見他，他想和牧師傾談。

在幾天後的輔導時段，凱文告訴費爾南多牧師，自己剛開始升讀大學。這是他第一次離家，真的感到很孤單。他也告訴牧師，自己和朋友相處有點困難，總感到有點孤獨。教會一直都是令他覺得自己得到接納的地方，所以他才在搬家後，立即嘗試開始找一間可以作為家的教會。餘下的時間，他大都談及自己的家庭、在大學的第一個星期、以及自己未來的計劃。

在這節輔導中間，費爾南多牧師開始假設，這次輔導大概只需要進行一節。她問凱文，他打電話找她時有甚麼期望；他表示自己只想傾談，或許這樣能夠更清楚知道這間教會是否適合作為他的家。他似乎沒有甚麼特別的困難想較為詳細地討論，他也告訴牧師自己並不期望輔導超過一節。

費爾南多牧師認為這次接觸是一個機會，遠遠不單是為教會招募多一名會友。隨著凱文的故事揭開，牧師開始想到教會中她能夠介紹給凱文認識的人。雖然凱文可能從輔導中得益——或許專注於他在建立友誼方面長期面對的困難——但在那刻他希望得到的是一位朋友，而不是輔導。因此，在輔導結束時，牧師主動提出介紹凱文認識教會中幾位在他的大學就讀的學生。她表示如果凱文願意的話，她樂意在下一個主日或者其他時間或地點這樣做。

即使凱文決定尋求輔導，處理他在結交朋友方面的困難，和可能成為朋友的人連繫，仍然可能令他得益。其他人獲介紹認識教會一些和他們有類似遭遇的人，無論是剛失去一個孩子、被診斷患了癌症、經歷過離婚、或者在教養子女方面有困難，都能夠從中得益，而且他們也歡迎這種做法。最適合和別人接觸的可能是能夠幫助別人找到工作、有共同興趣、似乎有相似的屬靈旅程、有相同的種族或國籍的人。

以靈性為焦點的輔導

策略性牧養輔導第六個特點是以靈性為焦點。所有輔導都有焦點，那焦點就是優先次序最高的事情。當代不同的輔導模式著重關係、關係模式、童年經歷、被壓抑的感受、身體的知覺或自發的思想等。這些重點都可以引導輔導員知道甚麼需要著重，甚麼無需理會。如果沒有這些指引，輔導會變得漫無目的，也不會有多大成果。焦點提供主要、起組織作用的目的和方向。

將策略性牧養輔導的焦點描述為屬靈，是指出焦點在於求助者與神的關係。這要求牧養輔導員留意神已經怎樣積極介入求助者的生命，以及求助者怎樣回應這種介入。但在更詳細討論這一點前，讓我先談一談靈性這個觀念。

當代以很多不同方式使用**靈性**這個詞。圍繞這個觀念的含混性，有部分屬於語意方面的，只要小心運用語言便可以避免。不過，大部分含混性都是無可避免的。靈性將我們帶到我們存有中一些最複雜的奧祕。用梅(May)的話說：「靈和奧祕緊密相連……奧祕並非總是靈性；但毫無疑問，靈性總是神祕的」(May 1982, 32)。因此，即使建構得最具體的定義，在以人的靈性方面作為策略性牧養輔導的焦點時，仍然無可避免地會面對含混性。

靈性這個觀念植根於神的存在是靈，以及祂慈愛地按自己的形像創造我們，要我們與祂建立親密的關係。人類的靈不是我們的一部分，和其他非靈性部分分隔。相反，靈決定了我們的人性，是我們存在的基礎。就好像奧古斯丁(St. Augustine)著名的禱告：「你為自己創造了我們，我們的心躁動不安，直至在你裏面找到安息。」雖然我們並非總是經驗這份不安為屬靈的渴求，但這份不安存在於我們存有的最深層面，指導我們整個人格。成為人就是成為屬靈的存有。我們彼此之間的分別，不在於我們是否有靈性，而是在於我們靈性的本質。

我們的屬靈本質是我們身為人一個深刻和基礎的部分。那是關乎心的事情。根據聖經的人類學，心在我們人性的中心，是整合我們存有的焦點。生命必不可少的委身和方向都在心的定位中表達出來，而靈性指心在我們存有其餘部分背後，並指導這些部分的定位。人類絕對是屬乎靈性的。我們受造是為了降服於神面前，並懷著愛事奉祂。我們只能夠選擇降服於誰和事奉誰。人性的基本屬靈指引——也就是降服於神和事奉神，或背叛神和事奉較小的神——在我們功能的所有方面都反映出來。

那麼，使屬靈事物成為輔導的主要焦點涉及甚麼？首先和首要的是，策略性牧養輔導員必須明白，在他們進入尋求牧者幫助的人的生命前，神已經在那生命中積極活動。這是屬靈導引的核心假設，也是牧養輔導員能夠從這緊密相關的靈魂關顧傳統中學到的一件相當重要的事情。如果牧養輔導員假定神同在並活動，便會找尋這兩方面的線索。這樣做時，輔導員幫助求助者建立一種禱告態度——因為如果禱告不是專注於神，還是甚麼？

無論輔導員想找尋甚麼，他們都會找到。如果他們想找尋心理病理學，他們會找到。如果他們想找尋潛意識的問題，他們也會找到。如果他們想從別人的生命中找到神的同在和活動，在聖靈幫助下，他們也會找到。

雖然神積極嘗試吸引所有男女更親近祂，但大部分時間，我們大部分人都察覺不到祂仁慈的同在和愛的行動。人們也並非總能夠察覺到自己深層的屬靈渴求。明白人們表達關於自己靈性的事情時毋須一定談及神，有助在輔導中以屬靈事物為主要焦點。和追尋生命意義、或探索身分、整全甚至滿足等有關的掙扎都包含屬靈因素。但表面看來比較世俗的問題，例如抑鬱、婚姻衝突或焦慮等，同樣有屬靈成分。一旦牧養輔導員開始明白，人們有多種方法掩飾他們對屬靈探索的經驗和反應時，便更能夠在輔導遇到的問題中辨認靈性的存在。

學習辨認靈性的存在，始於明白靈性會在廣泛的生命經驗，而不單在宗教經驗中顯露出來。因此，無論會友有甚麼困難，那困難都有屬靈含義。輔導員必須認真看待那困難，因為那正是最能夠辨別靈性問題、最需要屬靈資源的環境。

雖然靈性問題往往被其他似乎和靈性無關的事情掩蓋，靈性問題也往往更直接地表達出來——經常藉著神學問題顯露出來。策略性牧養輔導員應該聆聽這些問題背後的個人含意。因此，當有人要求明白好像神佑這樣的教義時，輔導員應該很快從神學討論，轉為探討提出這個問題背後的原因。在牧養輔導中，處理神學問題的最恰當方法是，從普遍性神學問題轉向特定的靈性問題。甚麼特定的個人經驗，令會友提出有關神對他或她的計劃的問題？雖然接受有關神佑的問題是有效的，但牧者也應該對問題背後那些更深和更個人的經驗和問題提高警覺。

學習專注於靈性，表示學習聆聽故事背後的故事。更深的敍事往往被遺漏，不是因為會友試圖隱瞞最需要傳達的內容；更常見的情況是，他們不知道自己最深的關注和感受的性質。事實上，對某些人來說，成功的輔導主要的好處是令尋求輔導的人更清楚明白自己的故事。故事背後的故事，是終極關懷、基本焦慮、基礎委身、基本信念的故事，這是心的故事。

但要聆聽故事背後的故事，牧者首先要聆聽和認真對待那個說出來的故事。牧者聆聽、辨別背後的靈性問題時，不能不理會這個故事。這樣做不能認真對待會友的困難，對輔導作為真正的對話也是一種嘲諷。

會友講述自己與疾病、背叛、迷惘、損失、財政逆轉或在職業方面的不確定搏鬥時，策略性牧養輔導員聆聽和進入會友的經驗。不過，雖然這是故事的真實部分，但卻不是必須聽到和明白的整個故事，因為在這個故事中，浮現出另一個故事，就是求助者對那經驗的屬靈回應。那個回應可以是對神毫不動搖的信任，但卻不期望從祂那裏得到甚麼。那回應也可能是懷疑、憤怒、迷惘或沮喪。求助者也可能認為神對目前的景況，在很大程度上是不相干的。個人的生命經驗可能遺忘了神。這些都是對目前的掙扎的屬靈回應。只要牧者留心，總能夠辨別求助者經驗中的屬靈面向。

我曾經描述人的靈性追尋是對地方的深深渴求，是要找出自己屬於哪裏的追尋(Benner 1998)。我們可以視牧養輔導員的任務為：幫助別人明白他們選擇了甚麼地方作為自己屬靈的家，以及明白他們的選擇有甚麼含義。大部分基督徒都察覺不到自己對地方的深刻渴求，以及他們接受了甚麼地方作為妥協。他們可能以為自己以基督作為屬靈的家，但實際上卻同時接受了其他讓靈魂棲息的地方。他們的價值可能來自他們的成就，而不是單單來自得到神深深的愛。又或者他們的安全感可能更多地來自他們的資產，而不是他們在主裏的安息。他們只知道自己的不自在，尋求解脫。策略性牧養輔導員的責任是幫助他們明白這份不自在的含意，而不單是將他們尋求的解脫給予他們。聆聽靈性涉及的就是這點。

總括來說，專注於屬靈事物並不表示只找機會將談話轉向宗教題目。靈性和我們的終極效忠和投資有關。有時，這些事情和表達出來的宗教信念、價值觀和委身緊密相連；但有時宗教行為和屬靈現實之間卻有頗大距離。策略性牧養輔導的焦點應該放在屬靈現實。

明顯有基督教特色的輔導

不將靈性和宗教混淆是重要的；但同樣重要的是，不要將基督教靈性和模仿它的東西混淆。因此，策略性牧養輔導特別和明顯屬於基督教是十分重要的。

並非所有靈性都是基督教靈性。雖然策略性牧養輔導開始時專注於廣義的靈性事物，但它的主要目標是促使人們察覺和回應神要他們降服和事奉的呼召。這是策略性牧養輔導必不可少和最重要的方面。

任何尋求牧養輔導員幫助的人都應該明白，牧養輔導員持守一個信念：終極的整全只能夠在透過耶穌恢復與神的關係中找到。牧養輔導藉著對話和互動，促成這種整全。而這些對話和活動的設計，是要在聖靈裏面、並透過聖靈培育生命。

令策略性牧養輔導明顯是基督教輔導的其中一個方法是，使用禱告、聖經和聖禮等宗教資源。正如較早時指出，我們不能以機械、教條或法術的方式運用這些資源。不過，敏銳和明智地運用這些資源，可以令會友和神更親近，而神是一切生命、成長和醫治的源頭。也只因為這樣，才應該運用宗教資源。

雖然神學語言可能使人轉移注意力，或者被利用來逃避真正的對話；但也有潛力成為策略性牧養輔導的重要資源。我們永遠都不應該將輔導化約為教義性指導。不過，神學反省和論述都是恰當的，而且透過討論神學觀念也有助促進這些論述和反省。

好像罪這樣的觀念，既可以被用作權力手段和操縱罪疚感的策略(也就是：「你告訴我的是，你活在罪中。」)，也可以用來為討論的題目引入神聖的視域(也就是：「你描述的破碎是聖經稱為罪的主要部分。神正是希望在這裏和你相遇，並醫治你。」)。同樣，神佑、全能、道成肉身和很多其他神學觀念都指向基督教對生命的理解，對牧養和靈性都很有價值。這些對牧養和靈性的含意，是在策略性牧養輔導中使用神學語言和論述的最合理理由。

策略性牧養輔導屬於基督教的最後一個方法，也可能是更基本的方法是，它鼓勵對聖靈的倚賴。聖靈是一切智慧不可或缺的源頭，而智慧是實行牧養輔導所必須的。雖然這似乎很明顯，但牧養輔導的作品通常都不強調這點，甚至沒有加以討論。在一個明顯的例外中，奧茨(Oates)提醒我們，由於聖靈才是真正的輔導員(約十四26)，我們應該視祂為牧養輔導員的助手(Oates 1962)。承認所有醫治和成長最終都源自神，牧者在牧養輔導的工作中便可以放鬆下來，因為最終對求助者負責的是神。

奧茨指出，聖靈這個輔導角色始於對牧者的個人事奉，並透過牧者，伸展到與會友的輔導關係中。隨著牧者學習每天倚靠聖靈得到力量、指引和智慧，他們便培養出一種適合牧養輔導關係的倚靠。在輔導關係中，牧者可以倚靠神的靈幫助雙方，知道說甚麼，和在甚麼時候說。奧茨提出，耶穌在馬太福音十章19至20節對門徒說的話（「……不要思慮怎樣說話，或說甚麼話。到那時候，必賜給你們當說的話；因為不是你們自己說的，乃是你們父的靈在你們裏頭說的。」），雖然最初是針對他們將要遭受的迫害，但同樣能夠應用到進行輔導的牧者身上（1962, 62 ～ 63）。奧茨稱這為聖靈在牧者面對溝通的焦慮時給予牧者的幫助。

但這幫助也是給會友的。牧者可以鼓勵求助者在輔導時段開始前禱告，祈求神引導討論的內容，以及令他們回想起需要分享的重要事件。對那些有點偏執，帶著一份討論事項的清單，生怕遺漏了甚麼事情沒有說的人，這個建議尤其有幫助。會友和牧者都應該學習信任神的靈會引導溝通的過程。

聖靈會令人想起耶穌的教導這個應許（約十四26），顯示聖靈在牧養輔導中的一個相關角色。聖靈這份教導職事對牧養輔導是不可或缺的。牧者應該謹記，是聖靈而不是他們扮演這個主要的角色。關於是聖靈確定人有罪的這個應許（約十六8），同樣是這樣。這是牧養輔導一件十分重要的事情，但人們對這事有很多疑惑。人們提出的問題往往是：牧者對有罪的行為，應該抱不帶判斷的態度；還是應該譴責罪，從而堅守神律法的標準？但這個問題將事情混淆了。我們對治療性談話的動力的一切認識都顯示，表達接納的愛那不帶判斷的態度，是有效輔導的基礎。但這並不表示不能或不應該定罪。實際的意思是定罪是聖靈的工作。真正的定罪總是聖靈的內在成就。牧者譴責罪能夠成就的，最多只是令人過敏地產生罪疚感，那是真正定罪的拙劣代替品。

因此，策略性牧養輔導員不會因為專注於普遍的靈性而感到滿足。他們的目標是促進獨特的基督教靈性，以及藉著活在聖靈中，並透過聖靈，能夠伴隨而來的整全。現在我們轉而討論策略性牧養輔導的三個階段怎樣實現這個目標。

進深閱讀

Benner, D. 1998. *The care of souls: Revisioning Christian nurture and counsel*. Grand Rapids: Baker。這本書較詳細討論靈性和心理功能的動力之間的關係，以及牧者可以怎樣學習在關於生命每一方面的討論都分辨出靈性的存在。

Childs, B. 1990. *Short-term pastoral counseling*. Nashville: Abingdon。就一個以十節為限，集中處理會友的「中心關係問題」的短期牧養輔導模式提出的有趣的概述。

Green, D., and M. Lawrenz. 1996. *Encountering shame and guilt*. Grand Rapids: Baker。將策略性牧養輔導應用到羞恥和罪疚感的問題上，並包括幾個詳細的個案研究。

Kollar, C. 1997. *Solution-focused pastoral counseling*. Grand Rapids: Zondervan。牧養輔導一個簡短的取向。正如它的名稱顯示，這個模式專注於解決方法，而不是困難。它的靈感來自近年頗受關注、比較普遍地以解決方法為焦點的輔導取向。這個取向的基礎是幫助別人找出自己已經擁有的資源，藉以帶來改變。

Oates, W. 1962. *Protestant pastoral counseling*. Philadelphia: Westminster。這本書很有用，特別是關於聖靈在牧養輔導中扮演甚麼角色的討論。

Rassieur, C. L. 1988. *Pastor, our marriage is in trouble: A guide to short-term counseling*. Philadelphia: Westminster。這是一個結構十分嚴密，以五節為限的短期婚姻牧養輔導模式，和策略性牧養輔導有很多相似的著重點，但到目前為止，仍然只限於用來處理婚姻問題。

Shape, J. 1999. Solution-focused counseling: A model for parish ministry. *Journal of Pastoral Care* 53, no. 1:71～79。這是另一個以解決方法為焦點的牧養輔導取向。

Welch, E., and G. Shogren. 1995. *Addictive behavior*. Grand Rapids: Baker。這是策略性牧養輔導的另一個應用，這次的對象是牧者經常碰到的陷溺行為問題。

Westberg, G. 1979. *Theological roots of wholistic health care*. Hinsdale, Ill.: Wholistic Health Centers。雖然這本書用了"holistic"這個詞——一個比較古老的拼法，但作者為整全取向的神學基礎提出的論據，同樣適用於策略性牧養輔導和其他採用這個詞的更新拼法（wholistic）的取向。

Worthington, E., and K. Worthington. 1996. *Helping parents make disciples*. Grand Rapids: Baker。這個對策略性牧養輔導的應用以教導兒女的問題為焦點。這本書包括一些個案研究，以及其他對關於怎樣幫助為了管教兒女而向牧者求助的父母有用和實際的建議。

註釋：

1. 有關這方面的部分書目，參本章和下一章的進深閱讀部分。

4

策略性牧養輔導的階段和任務

我們可以將策略性牧養輔導的三個階段稱為**相遇**、**投入**和**分開**。很多輔導模式都以定義問題、發展目標和介入等任務導向的詞語描述各個階段，但關係性用語更能夠反映輔導的個人性質。輔導不是一個人**為**另一個人做一些事，而是一個人**和**另一個人一起做一些事。如果我們視輔導為機械化或技術性的事情，基督教靈魂關顧的本質便會喪失。本質上，這種靈魂關顧比個人性和關係性更深刻，那是圍繞對話和真正相遇建立的關係。

策略性牧養輔導的第一個階段是**相遇**。這個階段對應牧者和求助者的第一次會面。在這時，牧者的目標是和對方建立個人接觸，為輔導關係定下界限，熟習求助者和他們的主要關注，進行牧養診斷，以及為大家一起做的事情找出雙方都接受的焦點。在第二個階段——**投入**，牧者和會友開始實際的輔導工作。這個階段通常運用接著的一至三節輔導[1]，並包括探討和問題有關的個人感受、思想和行為模式，以及培養新的視角和策略，應付或改變問題。第三個、也是最後一個階段是**分開**。這個階段在最後一或兩節進行，包括評估進展和衡量仍未解決的問題，如果需要的話，也要轉介求助者給其他人，並要結束輔導關係。表五總結了這些階段和任務。

表五：策略性牧養輔導的階段和任務

相遇階段

- 加入和定下界限
- 探討主要問題和有關歷史
- 進行牧養診斷
- 訂定雙方都同意的輔導焦點

投入階段

- 探索問題的認知、情感和行為幾方面，並找出應付或改變問題的資源

分開階段

- 評估進展和衡量還有甚麼問題有待解決
- 安排轉介(如有需要)
- 結束輔導

相遇階段

相遇這個詞有時用來指意外或偶然的接觸——例如兩個陌生人在火車上偶然遇見。不過，這個意思遺漏了這個觀念的豐富內容。根據布伯(Buber 1965)的用法，相遇指兩個人會面，彼此視對方不是非人稱的「它」，而是人稱的「你」。策略性牧養輔導的第一個階段正是包含這種深入的人的位格意義。

有用的牧養相遇的基礎在於牧者的個人品質。有三個特點是尤其重要的，就是同理心、尊重和真實性。[2]雖然這幾種特質本身已是珍貴的，但在策略性牧養輔導中，它們不是目標，而是達到目標的手段。那目標是一種關係，在其中兩個人以尊重和對話相遇，藉以增強對神的靈的專注和回應。而聖靈是相遇中的第三方。

雖然同理心、尊重和真實性是和別人溝通時的有用方法，但它們卻不單是技巧。同理心不是一個人做的事情，也不單是一條聆聽的方程式；而是一個開放的姿態，對別人的經驗開放，藉著將自己聽到的事情反映給對方，和對方溝通。尊重涉及傳達對對方的深刻珍惜。理想的情況是，尊重不涉及批判性，並帶有無條件的接納。尊重不是否定個人的判斷，因為這是無可避免的，也是人類的重要功能。不過，尊重源於好像神那樣看別人——是帶有神的形像，因此極有價值，即使這個形像被破碎損毀，被罪扭曲。最後，真實性是實際或真正的狀態，是同理心和尊重的基礎。牧養相遇要成為真正有用的輔導關係，需要以這三種特質作為根基。

正如較早時指出，牧養輔導員和會友最初的相遇通常在第一節輔導開始之前發生，是其他牧養關顧或事奉的一部分。輔導的相遇的目的和結構雖然和以前的相遇不同，但卻建基於那些早前的相遇。

加入和定下界限

策略性牧養輔導這個開始階段的第一個任務是加

入和定下界限。加入包括透過閒談令會友感到自在。牧者可以這樣做的其中一個方法是，指出自己和會友的經驗中相似之處。或者大家的年紀、種族或地理背景、教育或興趣有相似之處。如果牧者並不認識會友，一兩個有關他們在哪裏居住或工作或任何其他問題(除了接受輔導的原因外)，都是進行這種開始接觸的好方法。

研究以下這個藉著閒談進行的加入：

牧　師：早晨，史密斯先生。我是布朗牧師。很高興和你見面。請進入我的辦公室。我在教會見過你，但我相信除了在你打電話來約我見面那時外，我們沒有談過話。你是住在城市的這一帶嗎？

史密斯：事實上，我就住在教會附近。但我相信你不認識我，因為我們在三個星期前才從紐約搬來這裏。

牧　師：真的嗎？我在這裏長大，但我太太則來自紐約。搬到這裏，你一定需要作出很大的適應。

這種初步談話永遠都不應該超過五分鐘，通常只要兩三分鐘便已經足夠，而且不是必須的。有些人一開始便準備好講述自己的故事。在這種情況下，閒談是不需要的。他們已經和牧師一起了。

定下界限包括向對方講述第一節輔導的目的，以及這一節和以後幾節的時間安排──如果牧師還未這樣做的話。可以用以下這個簡單解釋達到這個目的：

牧師：我預留了接著的一小時給你。我們可以按照你的意思儘量利用這段時間。我希望在這段時間結束時，我能夠約略了解為甚麼你要來找我，而我們兩人都可以知道，我們是否希望再見面。如果我們再見面，我希望你知道，我的輔導最多是五節。但我們可以稍後才討論這個問題。或許你可以開始告訴我，為甚麼你這段時間想見我。

如果時間界限(包括各節的長度)在第一次見面前已經定下，牧者便可以用上述最後一句話開始。「這段時間」這個詞組是重要的，因為它引導會友提出問題，並鼓勵他說得具體。在這個時候，牧者對會友關注的問題的歷史沒有興趣，他只關心問題最即時和目前的顯示。牧者想知道會友有甚麼希望或需要，以及他們為甚麼尋求輔導。

探討主要問題和有關歷史

邀請會友解釋甚麼令他們在這刻求助，是一個重要的轉折點，並會引入他們個人的故事。這也表示牧者要為這些轉折負責。牧養輔導員有時擔心，轉折需要暢順，以致會友察覺不到有人在提供引導。這是對輔導性質的嚴重誤解。轉折是必須的，會友也預期有轉折，轉折是牧者的責任，毋須好像清談節目主持人那樣暢順地引入。牧者只需要說：「現在告訴我關於某某事吧。」

牧者應該在輔導期間或剛結束後，立即寫下會友對令他們現在尋求輔助的原因的解釋。應該儘可能準確地用會友的用語寫下。由於多個原因，這些關於會友關注問題的初步陳述，往往是牧者需要記得的事情中相當困難的事情，但也是相當重要的事情。牧者不應該忽視會友怎樣理解那個困難，以及他們期望得到甚麼幫助。這並非表示這些事情不會隨著時間而改變。不過，如果它們會改變，牧者也應該察覺得到。較欠理想的選擇是，牧者忘記了會友最初關心的問題，只朝著自己認為會友需要甚麼前進。

會友講述自己的故事時，牧者的責任是細心和同情地聆聽。良好的聆聽也包括努力明白會友的內在經驗，無論是有沒有用言語傳達。溫柔地探問和重複自己聽到的話，都是次要卻重要的溝通技巧。這些技巧在同情的聆聽這個基礎上，鼓勵會友繼續自我探索和表達。

聽過會友說出目前的關注後，牧者通常會發覺，簡短地認識會友和他們目前的關注的歷史是有幫助的。可以花十至十五分鐘探討問題的形成，以及會友怎樣應付或尋求幫助。在這個時候，找出會友目前的居住情況和家庭安排，以及他們的工作或教育狀況也是重要的。問這些方面的問題，讓會友知道牧者對他們個人感關注，而不單視他們為問題的載體。大部分人都頗為樂意分享這些資料。

這樣探討會友更廣闊的方面必須維持專注和方向。為了將它限制在十至十五分鐘內，牧者可能需要將某些對話縮短，或者不探討某些方面。有些事情可以記下，留待將來進一步探討，牧者也可能想和會友分享這點。但很多其他問題都必須不加理會。給對話提供方向，表示專注於某些事情，而不理會其他事情。這是策略性牧養輔導員必須學習的重要技巧。

貫穿第一節輔導這個歷史和背景部分的應該是目前的問題。例如：如果現時的問題涉及婚姻衝突，便應該以目前和過去的婚姻歷史作為焦點。如果目前的問題涉及和近期的損失有關的悲傷，便應該探討那連繫和損失。

第一節輔導的目標是聆聽，藉以明白和認識求助者。因此，這一節輔導不應該過分狹窄地專注於目前的問題，以免牧者在結束這節時，對問題所知甚詳，但對經驗那問題的人卻不甚了了。在以問題和人為焦點時必須取得平衡。我們很容易專注於問題，但如果輔導要有幫助，對求助者的長處有點認識也是重要的。第二個必須保持的平衡是現在和過去。如果牧者對求助者的過去有足夠認識，便能充分明白他們現在的情況，所以需要對兩者有平衡的專注。

進行牧養診斷

診斷這個概念主要和醫學有關。不過，它字面的意思和在歷史上的使用，都清楚表明診斷這個任務也是牧養輔導一個合適和必不可少的部分。

在《牧者作為診斷者》(*The Minister as Diagnostician*)這本出色的著作中，普魯伊塞爾(Pruyser)論證說，任何嘗試幫助別人解決困難的人，第一個任務都是將困難定義(Pruyser 1976)。找出困難、為困難加上標記，就是進行診斷。好像醫生一樣，牧者也必須這樣做。普魯伊塞爾將診斷定義為「掌握事物的真實情況，以便做正確的事情」(30)。因此，診斷是一種辨別的行動。

在輔導的第一階段結束時，總會有診斷式判斷存在，無論那是明顯或不明顯。負責任的牧養輔導包括對問題的性質作出良好的診斷性判斷。不明顯的診斷性判斷好像明顯的診斷性判斷一樣，肯定地引導輔導。不過，明顯的診斷性判斷的優點是，可以對它進行細察和持續的再評價。

但牧養診斷應該根據甚麼準則或概念計劃進行？很多牧養輔導員都假定牧養輔導和心理輔導相似。他們認為精神病和心理失常的標準分類法也適合他們使用。因此，即使他們沒有進行全面的心理或精神病評估，也以標準的臨牀理解作為他們定義問題的概念性參照點。例如：他們可能感到他們進行了牧養評估，在確定了一個人顯示出自戀取向、有被壓抑的憤怒這個問題，或者經驗到對依賴性渴望的不自覺的衝突後，便預備好進行牧養輔導。不過，我認為雖然這些心理學概念在進行牧養評估時可能有用，它們本身卻不是有意義的牧養診斷。

牧養診斷必須主要和牧養輔導的屬靈焦點有關。因此，在輔導的第一個階段需要進行的診斷，包括評估個人的屬靈狀況。雖然這和個人的心理狀況緊密相連，單單使用心理分類和概念令人很難充分描述一個人的屬靈健康或病狀。因此，我們需要的是描述一個人的靈性功能的分類。

普魯伊塞爾提供了一個臨時性的步驟，讓牧養輔導員用來建立評估屬靈功能的分類（1976）。他提出有七大方面的經驗，是和了解一個人的屬靈功能有關的。這七大方面是：對神聖的察覺、對神佑的感覺、信心的性質、對神聖恩典的感覺、對為罪懊悔的感覺、對和別人團契的感覺和對神召的感覺。

很多牧者都發覺這個牧養診斷的框架相當有用。馬洛尼（Malony 1985, 1988）指出，如果這個框架變得更具基督教特色，它的用處會更大。他建議大家從為基督徒在宗教方面的成熟程度下定義開始，讓那個框架可以評估源自這成熟程度的屬靈狀況。因此，他的出發點是以下對基督徒在宗教方面的成熟程度下的定義：

> 成熟的基督徒是有身分、正直和啟示的人。他們有「身分」，因為他們明白自己是神的兒女，由神創造，目的是為了神的計劃而活。他們「正直」，因為他們在日常生活中察覺到自己由神的恩典，從對罪的罪疚感中救贖出來，可以自由地回應神現時的旨意。他們有「啟示」，因為他們感覺到神能夠給他們支持、安慰、鼓勵，並每天指導他們的生活。這些成熟的不同方面和對聖父、聖子、聖靈的信仰有關。它們和基督教創造、救贖和成聖這些教義有關，也是每天實際生活的基礎。（Malony 1985, 28）

以這種對最佳基督徒功能的理解為基礎，並根據普魯伊塞爾的研究，馬洛尼建議個人功能的八個範疇，是在衡量基督徒的宗教狀況時需要評估的。表六總結了這八個範疇。這八個範疇構成他那個有系統的「宗教身分會面」的基礎。

表六：牧養診斷的不同方面

對神的察覺
接受神的恩典
悔改及責任
回應神的領導
在教會的參與
經驗團契
倫理
在信仰中開放

取自馬洛尼(1988)

馬洛尼所說的對神的察覺是指個人對神的態度。這包括一個人在和神的關係中對敬畏或「受造」的感覺有多強烈，對神的倚靠程度有多深，個人與耶穌的關係的性質和素質，個人對崇拜的經驗，以及對禱告的實踐和經驗。

第二方面——接受神的恩典——涉及個人明白和經驗神的仁慈和無條件的愛的程度。這包括個人怎樣經驗神對罪的反應，他們怎樣理解神在個人苦難中扮演的角色，怎樣經驗神的愛，以及怎樣回應祂的赦免。

牧養診斷的第三方面和悔改及責任有關。這涉及個人怎樣理解是甚麼帶來生命中的困難、悔改的動力、祈求和給予饒恕的經驗，以及在多大程度上為個人的感受和行為負責。

第四方面涉及個人在多大程度上信任、盼望和活出神對自己生命的指引。這包括個人怎樣作出重大的決定，怎樣思想將來，以及信仰和他們在家庭、工作環境和羣體中的不同身分有甚麼關連。

第五方面集中在個人在教會的參與。根據馬洛尼的見解，這涉及這種參與和參與的動機在質和量兩個範疇的性質。這方面也包括個人在金錢上的參與。

第六方面——經驗團契——涉及個人和其他基督徒的親密程度，認同自己是神兒女的程度，以及和所有人認同的程度。個人在教會內及教會外的關係的性質，是探討這方面時的主要焦點。

第七方面——倫理——不單專注於個人相信甚麼，也專注於那些信念怎樣轉化為行動。它包括倫理方面的決定，個人的信仰怎樣影響個人對正確和錯誤的判斷，以及和個人有關的流行倫理問題。

最後是在信仰中開放。馬洛尼的意思是，個人靈性成長的程度，以及在信仰旅程中的開放程度。這個類別包括對互相分歧的觀點的開放，信仰影響生命的不同方面的方式，以及對個人信仰成長和發展的委身。

如果以宗教身分會面這個有系統的形式進行，這個牧養診斷的取向包括三十三條沒有指定答案的問題，需要用大概一小時進行。由於大部分策略性牧養輔導都不容許花這麼多時間進行診斷，我們不建議牧者正式採用宗教身分會面。不過，那些希望進行簡短、非正式的牧養評估的牧者可以採納這個框架。很多牧者都表示這個形式是有用的。

我們不應該視馬洛尼的牧養診斷為第一節輔導的核對清單。這些診斷首先和首要是一個供聆聽和思想的框架；其次才是一組需要問的問題。進行這個屬靈功能評估的其中一個方法是藉著宗教歷史。醫生通常會記錄病歷，心理學家也記錄心理歷程。牧者只適宜問及個人的宗教成長和信仰旅程。接著便可以用馬洛尼的分類，或其他有助衡量個人屬靈狀況的方法，探討宗教功能的這個一般領域。

由於評估是首要的，而策略性牧養輔導需要促進屬靈功能，所以評估屬靈狀況必須以辨別健康和不健康的宗教信仰的能力作為基礎。[3]以下問題取自克萊恩貝爾的建議(1984)，可以幫助牧者衡量一個人的宗教信仰實踐的整體健康狀況：

1. 這些信仰和實踐有沒有為個人提供有意義和健全的人生哲學？
2. 這些信仰和實踐有沒有提供一套價值觀，可以作為行為的倫理指引？
3. 這些信仰和實踐有沒有提供自我超越的經驗？
4. 這些信仰和實踐有沒有啟發對生命的愛？
5. 這些信仰和實踐有沒有更新個人對基本信任的感覺？
6. 這些信仰和實踐有沒有給人正面的羣體經驗？
7. 這些信仰和實踐有沒有促進自我接納和正面的自尊感覺？
8. 這些信仰和實踐有沒有促進否定自我和利他地自我犧牲的能力？
9. 這些信仰和實踐有沒有鼓勵人將性和堅定這些生命力以肯定和負責任，而不是壓抑和具破壞力的方式運用出來？
10. 這些信仰和實踐有沒有培養盼望？
11. 這些信仰和實踐有沒有鼓勵人接受現實？

12. 這些信仰和實踐有沒有提供由罪疚感走向和解及饒恕的途徑？
13. 這些信仰和實踐有沒有鼓勵人，將信仰和價值觀以富創意的方式發展和個人化？
14. 這些信仰和實踐有沒有促進對不公義的敏銳，並推動人朝公義努力？
15. 這些信仰和實踐有沒有提供途徑，讓人面對無可避免的死亡，包括自己的死亡？
16. 這些信仰和實踐有沒有促使人察覺和欣賞生命的奧祕？
17. 這些信仰和實踐有沒有鼓勵人對活著增強活力、喜樂和熱情？
18. 這些信仰和實踐有沒有讓個人更新自己對世界的歸屬感？
19. 這些信仰和實踐有沒有鼓勵個人信任地降服在神面前，過相信和倚靠祂的信心生活？
20. 這些信仰和實踐有沒有整合人格的所有方面，令個人的整體功用都受到基本的宗教委身引導？

雖然這份清單不是評估個人靈性功能的完整框架，但卻提出對這種評估的一些參考。我們也應該再次表明，牧者不一定需要提出這些問題，但這些問題可以在牧者聆聽時提供引導。根據這些問題聆聽別人的故事的牧者，一定能夠知道那人的信仰對他／她有多大幫助。有了這個評估，牧者便可以找到方法，在餘下各節為信仰和在基督裏的生命注入健康的特質。

訂定雙方都同意的輔導焦點

正如較早前指出，策略性牧養輔導要求牧者和會友同意甚麼是主要問題或關注，作為他們一起努力的主要焦點。這往往是十分明顯的，會友立刻便清楚。例如：「牧師，我太太離開了我，和另一個男人一起。我很慘！」這個會友的問題的主要焦點是甚麼，是毫無疑問的。另一方面，有些會友可能會在第一節輔導時提出一連串關注和問題，牧者和會友必須找出並同意甚麼才是主要的焦點。

完成了這部分，他們需要決定輔導的目標。有時目標頗為具體(例如：就可能有的工作轉變作出明智的決定)，但有時目標卻頗為籠統(例如：能夠應付一種疾病)。正如這些例子顯示，有些目標描述一個結束點，另一些目標則描述一個過程。如果策略性牧養輔導要對牧者遇到的多種情況都有幫助，對目標的理解便必須維持靈活性。如果那個取向要配合不同的輔導風格，這種靈活性也是十分重要的。

總括來説，策略性牧養輔導需要有特定的焦點，但對目標卻沒有這個要求。換句話説，牧者和會友需要同意大家會朝甚麼方向努力，卻不一定要致力得到某一個特定結果。這和一些要求有可量度的行為目標的簡短輔導取向是不同的(Thomas 1999)。

以下談話説明牧者和一個不能具體説出自己的需要的人，怎樣找出焦點和目標。在第一節輔導的上半部分，戴安娜(Diane)談及很多她關注的事情，包括她和父母的關係、她最近感到神不再聽她禱告、和一位房友的衝突、以及對事業方向的疑惑。當牧者問她想以甚麼為焦點時，她説自己不能決定，因為這四方面都同樣重要。她也表示自己對五節輔導的時限有點擔心，她不認為在這麼短的時間內，她能夠得到她需要的幫助。牧師這樣回應她：

牧　師：戴安娜，你可能是對的。你需要的幫助可能超過我所能給予的。但這要到五節輔導完成後，我們才知道。不過，一旦我們能夠以你生命的某一方面為焦點，你便可能會因為自己所得的幫助而感到驚訝。我知道那些問題似乎同樣重要，但或許你應該花點時間懷著禱告的心，思想這些事情。你毋須在今天作決定。我們現在就可以結束，在下星期同一時間完成這第一節——如果這樣可以讓你想一想現在甚麼對你是最重要的話。

戴安娜：唔，你這樣説，我想如果要我以一件事情為焦點，那就是我感到神遺棄了我。或許如果我對自己與神的關係的感覺好一點，我對自己與父母和房友的關係也會覺得好一點。但這是否表示我們只會談論有關神的事情？

牧　師：不，絕對不是。但如果你和神的關係出現了一些重大改變，而那又是你關心的事情，我們可以從那裏開始，看這樣會將我們帶往哪裏去。如果我們決定改變焦點，也是可以的。但有一個大家都同意的出發點，仍然會比較好。你現在就花點時間，告訴我多一點甚麼改變了，以及有甚麼是你希望有所不同的。

評論：在接著的幾節，戴安娜在保持焦點方面仍然有困難。牧師需要比平常更努力，才能夠使她不離題。在探討她和神的關係時，他們——再觸及其他關係——往往透過和她從神那裏追求的東西作比較。但她與神的關係確實成了他們一起那四節輔導的主線。在最後一節結束時，戴安娜同意牧師的説法，她得到的比她盼望的更多，也比她現在想得到的更多。

投入階段

策略性牧養輔導的第二個階段涉及牧者和求助者圍繞令他們走在一起的困難投入一起。這是輔導過程的核心。

投入這個詞強調牧者深入地和求助者處理那些問題。真正的基督教輔導永遠都不單是從旁提供意見。牧養輔導總是具體化的；也就是説，牧者來到求助者那裏，讓自己可以在過程中被使用，有時甚至是被濫用。[4]輔導不單是個人性，牧者更需要付上高昂的代價。但如果牧者只站在一旁，或者隱藏在客觀性中，藉以尋求安全，便不能給予求助者多少幫助。

有一點是十分重要的，我們需要留意，這個階段可以在第一節輔導時開始。我們不應該將這個模式以僵硬或機械化的方式解釋。如果在第一節輔導完成了第一階段的目標後還有剩餘時間，牧者可以開始下一階段的任務。不過，一旦第一階段的任務完成後，和第二階段有關的任務便會成為焦點。

投入階段有兩個主要任務：(1) 探討與中心關注有關的個人感受、思想和行為模式；(2) 培養應付或改變問題的新視角或策略。現在牧者和會友都努力應付會友的問題。在第一階段，我們可以將牧者和會友描述為彼此面對面，建立互信關係；在第二階段，他們卻是並肩站著，面對求助者帶來的關注。牧者陪著求助者，就好像新約*paraklēsis*這個希臘名詞傳達的意思一樣。這個詞無論是名詞或動詞形式，都表示陪著一個人，給予支持。神自己被描述為「各樣陪伴的神」(林後一3，作者的翻譯)，或者好像更常見的翻譯：「賜各樣安慰的神。」這就是牧養輔導員的模範。

雖然個人的感受、思想和行為通常都交纏在一起，但每次只選擇性地專注於其中一面，便能夠確保每方面都得到充分處理。這個方法也可以保證，個人心理靈性功能的各種重要動力都得到照顧。由於感受、思想和行為彼此緊密相連，出發點可能顯得有點隨意。不過，以探討感受開始，通常都是最好的做法；一般來說，接著便應該檢視和那些感受有關的思想和行為。

探討感受

從感受開始的原因是，大部分人在見輔導員時，通常都是從感受開始。牧者在求助者身上，通常都是首先看到憤怒、疑惑、恐懼、受傷、焦慮、冷淡或抑鬱等感受。對牧者來說，這些感受往往令人感到迷惘，而這些感受的強烈程度和持續性，可能使人迷惑或擔心。因此，牧者的自然反應可能是避免以這些感受為焦點。

另一個令牧者有時避免探討感受的原因是，求助者可能似乎已經深受情緒困擾，避免處理感受——至少是暫時性——可能是仁慈的做法。但逃避感受只會令感受增強。探討求助者經驗的任何東西，總比增強逃避不愉快事情的傾向可取。所以，探討感受幾乎總是最好的起始點。

有些牧養輔導員認為心理學——至少是他們可能熟悉的流行心理學——過分重視感受，所以他們在輔導時，將探討感受減到最少。他們可能讀過一些書，這些書催促我們信任自己的情感，讓情感引導我們決定應該做甚麼，或者自由地表達情感。但在避免這種情感至上的文化時，他們卻矯枉過正。

箇中原因似乎往往是不明白情感的神學和心理學。要正確地理解情感，必須從聖經對創造的描述開始。神按照自己的形像造人，並宣告那結果是好的。情感是這個美好創造的一部分，而不是墮落帶來的後果。這表示情感是神的一部分，聖經十分清楚表達了這一點。聖經描述神經歷傷痛（創六5～6）、憤怒（申十三17）、快樂（詩一四九4）和很多其他情感。耶穌也經驗憂傷（約十一35）、喜樂（約十五11）、憂愁（路十九41～42）和愛（約十四31）。事實上，情感是我們主的特點，祂甚至被稱為憂患的人。

正如人格的其他方面一樣，情緒也受到罪影響。這表示就作為行為的指引來說，情緒並不比理性或我們本性的其他方面更值得信任。表達情緒既可以榮耀神，也可以是罪。但關注罪不能成為壓抑情緒的藉口。事實上，這樣壓抑情緒不單是很多心理問題的成因，我們也應該視之為有罪，因為這樣違背了創造的設計和秩序。情緒可以用來豐富生命，以及給行為動力。

情緒是行動的催化劑。雖然我們不應該想做甚麼便做甚麼，但如果我們要整全，便必須留意情緒。只有在認識和承認情緒後，才能夠給予恰當的回應。

基督徒往往壓抑情緒，這實在奇怪。耶穌比當代很多保守的基督徒更情緒化；而在這方面，祂也是心理成熟和健康的模範。在世界的各個宗教中，只有基督教對情緒有健康的看法。斯多亞學派（Stoics）視情緒為非理性，伊壁鳩魯學派（Epicureans）勉強同意情緒是不能避免的。和他們相比，耶穌則提供一個平衡的模式表達情緒。而且，聖經也肯定情緒表達（例如詩篇），並對我們的情緒，也透過我們的情緒說話。如果以心而不單是以頭腦閱讀聖經，可以視聖經為情緒文學——充滿情緒的表達，不單訴諸我們的理性，也訴諸我們的感受。

策略性牧養輔導員的目標是同情地聆聽求助者的感受，而不是改變他們的感受。要認識感受，需要面對、甚至表達感受。我們不能藉著否定感受存在而將它們消除。要處理現實，只能正面面對它。如果其後需要改變感受，必須先接受感受目前出現的形式，無論那是甚麼形式。

因此，策略性牧養輔導員並不事先判斷感受，只鼓勵人們面對和接受那些被視為可接受的感受。感受只是經驗的一部分；是指定有的。一個人可能不想憎恨神、害怕自己的父親、或者不信任自己的兒子；但那人必須從這份憎恨、害怕或不信任開始。如果牧者要對別人有幫助，也必須一起從那裏開始。感受一旦得到接受和承認，那人就能夠更好地決定怎樣回應。

鼓勵別人表達感受的最後一個原因是可以分擔重擔。牧者同情的態度表示，疑惑、傷害或其他使人混亂的感受都由牧者托住，有時甚至被牧者吸收。這就是互相擔當重擔的意思（加六2）。分擔重擔涉及神祕地將重擔重新分配，而這是策略性牧養輔導的一個主要部分。

探討思想

探討完求助者經驗的感受後，接著的任務是探討感受背後的思想。過去幾十年在輔導學中興起的認知和認知—行為取向，很大程度上顯示了錯誤思想在問題的成因和令問題持續方面的重要地位。

好些基督徒輔導員以探討和改變錯誤及不合聖經的觀念，作為他們的主要重點（Tan 1999; Propst 1988; Tan and Ortberg 1995）。以可以和他們的世俗同行相比的方式，這些基督教輔導的認知取向強調，我們成為現在的模樣，不是因為發生在我們身上的事情，而是因為我們怎樣看這些經驗，以及對自己和生命，我們相信些甚麼。因此，如果一個人變得沮喪，不是因為妻子批評他，而是因為他給予不受批評一個不恰當的優先考慮。這種思想也預先決定他對妻子感到憤怒。但根據這種認知取向，在這兩種情緒背後，都有錯誤的觀念和不符合聖經的價值觀。

毫無疑問，這往往是對的，也正因為這個原因，牧養輔導必須探討背後的觀念和價值觀。不過，策略性牧養輔導並沒有假定，這些思想、價值觀和觀念比感受重要。爭論飛機哪一隻機翼更重要是沒有道理的，兩隻機翼都是不可或缺的。同樣，爭論在輔導中，感受還是思想更重要也是沒有道理的。兩者都是重要的。因此，策略性牧養輔導員必須處理思想和感受。

採取認知取向的輔導員強調找出和糾正「錯誤的」思想和觀念（例如：關於個人價值的基礎或快樂的源頭這些事情），但對另一個同樣重要的認知任務，他們卻往往沒有給予足夠的重視。這個任務是促使求助者對自己的景況培養一個不同的視角。牧養輔導員輔導的人面對的很多問題，都涉及一些不能改變的情況。在這些個案中，這第二個任務涉及培養理解那些情況的新方法，多於糾正錯誤的思想。這就是說牧養輔導員是為受助者經驗的問題帶來基督教的意義的意思（Clebsch and Jaekle 1964, 5）。當一個人明白在痛苦中有可能遇見受苦的救主時，進入受苦情況的新視角可以是極具治療作用的。而這正是我們基督徒所得的應許——不是脫離生命中的掙扎，而是在掙扎中有我們的主同在。

對問題培養新理解涉及一種教導形式，但這種教導和課室的教導有很大分別。這種教導是溫柔地提出新觀念，鼓勵受助者採用新的參照框架。在策略性牧養輔導的這個階段，明確地使用聖經通常都是最恰當的。牧養輔導員應該謹記這樣使用宗教資源會有甚麼潛在的誤用及困難，但仍然應該在為受助者的景況提供一個新和有幫助的視角時，對直接提出聖經真理保持開放。

幫助別人朝饒恕進展的過程，很好地說明培養新的理解，可以怎樣成為策略性牧養輔導一個重要部分。如果人們陷於對傷害了自己的人的憤怒中，他們是陷於對受傷的景況的某些理解中，而這些理解需要重新檢視和改變。他們那些受到破壞的情緒，傾向扭曲他們對傷害自己的人以及自己的看法。在自己的受傷中，他們的觀念由他們的感受模塑。要產生醫治，他們必須以新的眼光看自己、傷害自己的人以及整件傷害的事件。這樣，而且只有這樣，醫治才可能產生。

醫治情感需要重新解釋傷害。這種重新解釋的要點是，將帶來傷害的人和他們所做的事情分開，並看自己不單只是受了傷。當一個人看到另一個人是破碎和有需要，正在盡最大努力處理自己的傷害和限制時，便開始感到憎恨減弱。憎恨變得和同情混合在一起，這反映一個行動的開始，一個人可以為另一個人禱告。當一個人看自己不單只是受了傷——明白當自己只是回應破碎、需要和受傷而作出行動時，也會傷害別人——便能夠和帶來傷害的人認同。個人最初會抗拒這事情，但這是饒恕所必須的，也是這件困難事情的核心。幫助別人對以新的方式理解自己的情感創傷開放，是饒恕輔導的核心。

探討行為

策略性牧養輔導投入階段最後一個任務是探討個人的行為。牧者研究個人在面對問題時做甚麼，並和會友一起嘗試找出值得追求的行為改變。例如：會友可能表示，由於婚姻令他不滿意，所以他有了外遇；另一個會友可能因為患上絕症，不再和周圍的人接觸。

事實上，一個人對這些情況的回應總是複雜得多，而探討個人對一個經驗的多種回應，是找出需要改變的行為的起點。

牧者需要抗拒試探，就是避免直接告訴會友甚麼需要改變。這是十分重要的，也是輔導和講道的主要分別。輔導涉及探討行為，以及抗拒改變的來源，而不是直接告訴別人他們必須在甚麼事情上改變。會友必須渴望和擁有那些行為目標。因此，最恰當的做法是讓求助者找出那些目標。

朝找出目標進展的一個有用方法是，問對方對某一特定行為有甚麼感受。他對自己不忠是否感到自在？她對遠離朋友是否感到滿足？如果答案是否定的話，這便是一個目標的基礎。另一方面，如果對方不想在有關方面作出任何改變，那麼任何有關改變的目標都只會是牧者，而不是會友的目標。在這情況下，最好是避免直接挑戰對方，或迫使對方正視，雖然牧者不應該害怕提出道德的視角，只要他們不是以專制或說教的方式提出。

策略性牧養輔導這個階段的目的是找出一些改變，是牧者和會友都同意是重要的，並著手製訂一些能夠帶來這些改變的具體策略。這些任務需要智慧，這個要求應該令牧者清楚明白，自己需要倚靠聖靈的引導。

在輔導過程中和求助者來到這個階段時，我祈求自己可以看到神在那人的生命中正在做甚麼工作，以便更能夠辨別需要改變的主要方面。我希望在這個過程中和神同工。我不想展開自己的奮鬥，試圖帶來只是令我感到重要的改變。我往往發現懷著禱告的心，同時專注於神似乎在求助者生命中進行的工作，以及祂似乎要帶領我往哪裏走，是令人謙卑的經驗。改變的計劃往往不配合我相信神所要表明的事情。在整個輔導過程中，我最感到自己需要神幫助的就是這個時刻，而牧養輔導員總能夠得到這種幫助。

找到值得改變和需要改變的方面後，牧者和會友可以進而檢視不可取的行為有甚麼後果。牧者不應該假定改變是容易的，反倒應該假定求助者是從自己目前的行為中除去一些東西。如果這是事實，那麼個人計算放棄那行為需要付出甚麼代價，比試圖忽略那些代價，能夠令產生改變的機會大大增加。

酗酒可能是一個逃避的方法、一種提高自尊的方法、或得到力量的來源。貶低個人從這種濫用酒精的行為中得到的東西，會大大減低帶來重大改變的機會。同樣，遠離朋友可能增強個人的自憐，婚外情可能是懲罰配偶的方式。沒有簡單的方程式可以評估某種行為的後果，不過，探討行為對個人的意義和後果的重要性卻不能過分強調。

行為的目標必須既具體[5]又實際。例如：將目標定為花更多時間和朋友一起，不及決定在接著的一星期至少聯絡兩個朋友，並嘗試花時間至少和其中一人一起。而且，求助者可以提出幾個他們會接觸的朋友的名字。這樣能夠令計劃更具體，大大增加成功的機會。

製訂實際的目標的意思是，目標是能夠達到的。這通常也表示，目標是漸進的，也就是說，目標讓個人以細小的步伐前進，而不是邁出可能不成功的一大步。例如：如果一個父親希望和兒子有更多接觸，大概不應該一開始便帶兒子展開長時間的露營旅程。相反，一系列規模較小的活動，容許他以更漸進的方式重新投入兒子的生命，很可能會更為成功。

輔導過程中投入階段的關鍵是，牧者和會友一起處理他們認為是中心關注的問題。策略性牧養輔導並不要求牧者是專家，聆聽困難，然後將困難解決。相反，這種輔導要求牧者成為朝聖者的同伴，在一段短時間和求助者一起上路，並藉著分擔重擔，提供幫助，讓求助者可以繼續那旅程。我們也希望，好像在以馬忤斯路上與他們認不出的主一起走的門徒一樣，求助者可以得到幫助，看見神在他們生命中的工作，並和他們一起上路。當然，真正的輔導員是神自己，祂是所有生命和醫治的源頭。明白這一點，對求助者和牧養輔導員都應該是很大的安慰。

分開階段

如果明白牧養輔導不只是兩個人的相遇和投入，而是兩個人和神的相遇和投入，結束一段輔導關係應該比較容易。在最痛苦、疑惑和沮喪的時刻和我們同在的神，是不會在五節輔導結束後離開的。在會友繼續生活時，祂會繼續和會友同在。但輔導確實需要結束，而兩人一起的最後階段涉及為結束作準備。

評估進展和衡量還有甚麼問題有待解決

評估進展通常都是牧者和會友都感到有意義的過程。有些評估可以在較早幾節進行，但利用最後一節簡單地評估會友從輔導經驗中學到甚麼仍然是好的。

當然，和這個評估緊密相連的是找出還有甚麼問題有待解決。在五節或更短的輔導後，所有問題都得到解決是罕見的。這表示會友正準備在結束輔導後仍然有一些工作尚未完成。但他們有將來要達到的目標和實行的計劃，而製訂這些目標和計劃是策略性牧養輔導分開階段的一個重要任務。

正如較早前提過，在進行最後一節輔導前，暫停幾個星期往往是可取的。會友可以朝投入階段定下的目標努力，在最後一節回來評估進展，思想那經驗，並修訂目標和策略(如果需要的話)。最後一節也應該找出將來可能會遇到的困難，並考慮應付這些困難的方法。在這個階段，角色扮演或其他形式的行為預習往往是有幫助的，特別是在面對個人在處理人際交往方面的困難的時候。

安排轉介

如果仍然有重大的問題還未解決，最後一節也應該用來安排轉介。最理想的做法是，在較早的幾節討論這種安排。會友在策略性牧養輔導最後一節前和新輔導員見面可能會有幫助。這樣，牧者和會友便可以將那經驗作為牧養輔導最後一節的一部分。

承認自己在時間、經驗、訓練和能力方面的限制，是所有專業人士不可或缺的部分。對輔導員來說，這尤其重要，因為沒有輔導員能夠幫助每一個求助者。而且，即使輔導員能夠提供一些幫助，求助者往往還需要一些補充幫助。因此，需要轉介並非表示輔導員有不足之處；而是表示輔導員明白自己的限制，在那些限制中恰當地發揮自己的作用。

牧者需要知道自己的社區中有甚麼資源，並準備轉介會友在其他地方接受更好的幫助。這些幫助可以是財政諮詢、稅務諮詢、法律諮詢、醫療或心理諮詢、評估或治療。所需的幫助往往可以在社區的社會服務機構找到。雖然在鄉郊和細小的市區中心，這些資源往往頗為有限，大部分大城市都有很多這些方面的專業服務。

轉介給醫生(包括精神科醫生)和心理學家往往是特別困難的，所以需要特別討論。一般來說，遇到醫學或精神問題，應該先接觸家庭醫生。如果求助者的身體變得虛弱，或者體重大幅減輕或增加，正常的睡眠模式受到破壞，對性方面的興趣有明顯改變，或有任何其他醫學病徵，都應該鼓勵他們儘快接觸家庭醫生。

遇到重大的精神病患，也應該這樣做。如果求助者有妄想(雖然有相反的證據，但仍然抱有虛假的觀念[例如：相信某人是耶穌基督])或幻覺(沒有相應的感官經驗而產生的知覺[例如：聽見並不存在的聲音]或嚴重扭曲或改變的經驗[例如：在收音機受到干擾時聽到給個人的信息])，牧者便應該轉介他或她給和自己有工作關係的家庭醫生或精神科醫生。

如果一個人有嚴重的抑鬱(為時超過一個月，並涉及重大行為改變)，或者出現躁狂行為(情緒高漲，有不恰當的亢奮和精力，過分強烈的安好感覺，增強了的活動和能量水平，並可能表現為過分喧鬧和急促地說話，過度活躍，有很多意念，或有衝動和非理性的行為)，也應該採取同樣的行動。這些都是精神分裂症

(schizophrenia)、躁鬱症(bipolar disorder)和偏執症(paranoid disorder)的一些主要病徵。牧養輔導員對這些病和病徵應該有足夠的認識，以便在遇到這些情況時能夠辨認出來。

官能性精神問題也需要轉介給醫生。這些問題包括濫用藥物帶來的後果(例如酒精官能性精神問題)，以及和腦部疾病或機能障礙有關的心理或行為失常(如精神錯亂、痴呆症、健忘症、官能性人格病徵和官能性情感病徵)。明顯有長期濫用藥物的人，也應該把他轉介給醫生。

有以上毛病以及患有其他嚴重精神問題的人，可能仍然需要策略性牧養輔導，也可以從這種輔導中得益。需要轉介並非表示牧者對這樣的人不能提供任何幫助。這只是表示牧者不能滿足這樣的人的所有需要。不過，醫生也不能滿足他們的所有需要。正因為這樣，我們不應該低估牧養輔導員對精神病患者的貢獻。這些嚴重的精神病都源於出了問題的生理機能，可以用處理身體的根本問題的藥物給予恰當的治療。不轉介病人接受治療是不負責任。不過，雖然這些問題的根源在於身體上，卻影響到生活中的心理狀況和靈性。如果牧者能夠克服恐懼，明白精神病人也和自己一樣，與很多自己無力控制的事情掙扎，便能夠給自己很大幫助。

還有很多其他精神和心理問題通常都需要轉介給精神健康方面的專業人士，但卻不需要醫生介入。性方面的失常(裸露癖、戀童癖、易性癖、易服癖、窺淫癖)、性功能障礙(抑制性欲、刺激或高潮)、焦慮和情感性精神病(抑鬱症、強迫性神經官能症、恐懼症、恐慌症和一般的焦慮症）、人格障礙（邊沿性人格障礙、反社會人格障礙、強迫性人格障礙、表演性人格障礙、自戀性人格障礙和分裂性人格障礙）和分裂性障礙（神游障礙、多重人格障礙和心因性失憶症）都應該由更深入的心理治療來處理，大部分牧者都沒有受過訓練提供這種幫助，所以通常都應該轉介給心理學家或其他合資格的心理治療師。

最後，很多婚姻和家庭問題都需要專業的婚姻和家庭治療師介入。牧者不應該假設自己有資格處理所有這些關係方面的問題。婚姻或家庭那些根深蒂固的病徵很少能夠一下子便改變過來，治療這類問題需要專門的方法，甚至不是所有心理學家、精神科醫生或社會工作者都能夠提供所需治療。那些稱自己為婚姻和家庭治療師的人，特別是那些持有國家認可機構（例如：美國婚姻和家庭治療師協會）的資歷的人，通常都可以提供所需幫助。在遇到嚴重的家庭功能障礙，而有關人士抗拒改變時，便應該向這些專業人士求助。

很多牧者接觸那些並非基督徒、但在宗教方面卻有私心的治療師的經驗，令他們對轉介會友給非基督徒感到疑慮，這是可以理解的。但牧者在轉介方面可以有的選擇往往相當有限。在這種情況下，在將求助者轉介給有能力提供深入心理治療，但卻不是基督徒的治療師時，可以加上安排教會中一個靈命成熟的會友，為求助者提供屬靈引導，作為補充。這種關係並非輔導關係。它的目的也不是探討問題或建立促進成長的解決方法。這種關係的目的是懷著禱告的心檢視那治療經驗的屬靈含意，並在治療的經驗中給求助者支持。這些會面不需要每星期都進行，也不需要好像正常的輔導那樣安排或進行。但卻可以提供支持，並一直作為屬靈的守護，令將求助者轉介給非基督徒的心理治療師變成負責任的選擇。

預備會友接受轉介，是轉介過程的一個重要部分。人們往往抗拒轉介，並嘗試操控牧者，令他們繼續提供輔導。他們會講述過去和類似的人曾經有過的壞經驗，請求牧者繼續提供他們所需的幫助。雖然這種請求令牧者覺得受到奉承，所以他們很難不加理會，但如果他們接受這請求，卻相當危險。轉介給別人總是嚴肅的事情，牧者應該知道有甚麼轉介的資源，如果可能的話，應該將會友轉介給自己有信心的人。如果有牧者不能應付的問題存在，但牧者仍然不轉介會友給別人，只是顯示牧者的自大和愚昧。

結束輔導

在大部分個案中，結束策略性牧養輔導關係都進行得很順利。最常見的情況是，牧者和會友都同意大家毋須再見面，即使他們因為決定要停止輔導而感到不大愉快，他們也知道這樣做是對的。

不過，有時這個過程會有點困難。正如我們已經指出，這可能是因為會友希望繼續和牧者見面。如果那些輔導時間是有幫助的，會友可能不想結束那關係；有時即使輔導沒有幫助，會友也不想結束。他們可能在輔導中感受到被接納或甚至情感上的親密，是在生命的其他地方很少有、甚至是經驗不到的。這些感受往往是倚賴的根源，甚至可以在短短兩、三節輔導中形成。不過，滿足這些需要和期望並不是幫助會友的最好方法。我們倒應該溫柔地指示會友，建立能夠更恰當地滿足這些需要的關係，並執行輔導關係開始前定下的期限。

在另一些時候，結束輔導的困難在牧者那裏。由於種種原因，那些輔導可能令牧者特別享受或感到滿足，這便可能令牧者面對繼續下去的試探。但同樣，最好的做法是依從開始時雙方定下的時限。

例外的情況是會友在五節輔導結束時面對重大的危機，又沒有任何其他資源可以提供所需支持。如果情況是這樣，額外增加幾節輔導可能是較合適的。不過，增加的節數必須有限制，而且形式應該是危機處理。節數不應該比令會友恢復功能穩定、或轉介他們給可以提供幫助的人所必須的為多。

牧養輔導員處於獨特的位置，能夠幫助很多永遠都不會向其他輔導員求助的人。他們也處於獨特的位置，能夠幫助很多可能需要進一步幫助，但卻選擇先接觸牧者的人。在典型的一個星期，牧者接觸的人，通常比其他幫助人的專業人士在幾個月中接觸的人更多。而在這些人中，有相當比例是十分需要有技巧的輔導員幫助的。很多有需要的人都視牧者為能幹、值得信任的牧羊人，會要求牧者陪伴他們經過他們的掙扎、痛苦或疑惑。但正如克萊恩貝爾指出：「如果牧者缺乏所需技巧，這些人在要求得到麵包時，卻只會得到石頭」(Clinebell 1984, 47)。

策略性牧養輔導為有心理學知識、嘗試以配合其他牧養責任而又負責任的方式輔導的牧者提供一個框架。雖然實行這個模式的技巧需要時間培養，大部分牧者都能夠得到這種技巧。不過，輔導技巧不能單靠閱讀學到。正如所有人際技巧一樣，輔導技巧必須透過實踐學習。而最理想的做法是，在有富經驗的牧養輔導員指導並給予意見下，取得這種實踐。

掌握了這些技巧的牧者，能夠以高度個人化和相關的方式向極需要幫助的人宣告神的話。這是一個特別和十分令人滿足的機會。牧養輔導員不是在一大片往往是滿佈石頭和堅硬的土地上撒種，而是有機會每次只埋下一粒種子。他們知道泥土的情況，能夠以高度個別化的方式種植，努力確保種子不會很快便被吹走，然後溫柔地灑水，栽培植物生長。這就是牧養輔導的獨特機會。我祈求牧者會看到輔導在他們事奉的呼召中佔有中心位置，感到自己得到鼓勵，可以採用一種牧養輔導的取向，是大部分牧者的技巧和時間都能夠應付的，並以全新的活力和清晰的方向接受這些責任。

進深閱讀

Benner, D., and R. Harvey. 1996. *Understanding and facilitating forgiveness*. Grand Rapids: Baker。（中譯本：《怎能饒恕》，羅伯特．哈維、貝內爾著，陳永財譯，〔香港：基道〕，2004 年。）這本書將策略性牧養輔導應用到饒恕這個問題，並就在饒恕輔導過程中怎樣探索情緒和培養新的理解，提供十分有用的個案研究。

Benner, D., and P. Hill, eds. 1999. *Baker encyclopedia of psychology and counseling*. 2nd ed. Grand Rapids: Baker。這本一千二百頁的百科全書提出了一百八十四種精神問題的病徵和目前的建議治療。它也是一本從基督教角度看多個不同的心理學課題的好著作。

Egan, G. 2001. *The skilled helper*. 7th ed. Belmont, Calif.: Wadsworth。這本書並不是特別為牧者而寫，它的對象是所有想學習基本輔導知識的

人。它對輔導過程的各個階段和輔導者在每個階段的主要任務，都提供了很好的概述。它也有大量關於怎樣進行輔導會面、輔導的基本策略和技巧的實用資料。

Malony, H. N. 1988. The clinical assessment of optimal religious functioning. *Review of Religious Research* 30, no. 1:2~17。這是本章討論的宗教身分會面的主要資料來源。這篇文章包括會面時提出的問題，以及討論直至一九八八年為止，關於這工具的發展以及關於它的應用的一些研究。

Miller, W., and K. Jackson. 1985. *Practical psychology for pastors*. Englewood Cliffs, N. J.: Prentice-Hall。這本實用的牧者心理學手冊包含對主要精神問題的出色討論。這裏描述的輔導階段和策略性牧養輔導建議的並不完全對應，但有關輔導階段的討論仍然是很有用的。

Tan, S. Y. 1999. Cognitive-behavior therapy. In *Baker encyclopedia of psychology and counseling*, edited by D. Benner and P. Hill. 2nd ed. Grand Rapids: Baker。對輔導的認知取向提供有用的概述，也包括以基督教的獨特取向進行這種輔導的指引。

Tan, S. Y., and J. Ortberg. 1995. *Understanding depression*. Grand Rapids: Baker。這本書將策略性牧養輔導應用到處理抑鬱上，很好地示範了怎樣探索往往隱藏在抑鬱背後的思想。

Wicks, R., R. Parsons, and D. Capps, eds. 1985. *Clinical handbook of pastoral counseling*. New York: Paulist Press。這本書提供很多十分有用的資料，給那些並沒有因為很多作者那比較一般的取向而感到困擾的牧養輔導員。這本書有三十一章，對牧養輔導及將它應用到特定的人口，提供多個不同視角。對初學和有經驗的牧養輔導員都同樣有幫助。

註釋：

1. 在這裏將任務及階段和輔導環節協調起來時，我假設輔導包括五節。不過，在現實情況，策略性牧養輔導往往只需更少節數，有時甚至只需要一或兩節便可以結束。雖然在這樣簡短的輔導中，仍然處理所有任務，但各個階段卻流暢地進行。
2. Rogers（1961）很好地描述了這個基礎，Oden（1966）則就這些治療素質提出了深思熟慮的神學視角。

3. 不幸的事實是，對某些人來說，宗教不是成長、解放和醫治的力量。相反，他們的信仰和宗教實踐與他們的病徵混合在一起，實際上成了人格中的破壞力量。心理學家很熟悉這種力量，而那麼多人負面地談及宗教，是因為他們見到很多人的宗教都是有病徵的。有關這些不同形式的宗教的經典討論是 James（1902）所撰寫的。更近期的討論則可以在 Oates（1970）和 Hill（1999）中找到。
4. 有關輔導這個道成肉身的觀點的詳細討論，參 Benner（1983）。
5. 要求這些目標要具體，和較早前討論引導整個輔導過程時描述的概括目標形成對比。在那裏，我們指出整體目標不需要描述具體的行為結果。不過，在策略性牧養輔導的這個階段，需要以行為為焦點，確立具體的行為目標是十分重要的。

5

埃倫：一個五節的個案說明

這一章提出一個由策略性牧養輔導員處理的個案，藉以說明前幾章描述的原則。埃倫 (Ellen) 是一位三十一歲的女士，她打電話給牧師，問牧師她可不可以去見他。牧師對她只有很少認識，因為她和丈夫來了教會不久。他們第一次參加主日崇拜時，牧師和他們兩人談過話。並留意到從那時開始，埃倫到過教會幾次，雖然她沒有和丈夫一起來。

在那第一次接觸，大部分話都是由埃倫說的。她表示由於丈夫調職，他們最近才搬到這個城市。在這簡短的會面，牧師感到埃倫和丈夫有點衝突，也覺得埃倫有點憤怒。在接到埃倫的電話時，牧師對她就只有這些認識。

那次通話給牧師多一點資料。埃倫的聲線顯示她沒有甚麼不尋常的苦惱，她對自己關注甚麼問題也沒有任何暗示。不過，她顯得頗為緊急，因為她表示希望牧師可以在未來幾天內見她。她也表示自己可以配合牧師的時間表。最後牧師約她第二天上午九時在教會的辦公室見面。

評論：在第一節輔導開始前，大部分牧者對輔導對象都有一點認識。即使在埃倫的個案，牧師和她的直接接觸，也比一般心理治療師和輔導對象的接觸為多。會友要求輔導時，通常也會提供多一點資料。策略性牧養輔導員小心衡量所有這些資料，不對情況作任何預先的判斷，也不試圖估計在第一節會有甚麼事情發生，而是確保所有現存的資料都得到整理，嘗試在這時開始認識求助者。

我們也值得討論一下在會友要求輔導時，談話是怎樣進行的。這段談話應該保持簡短。需要做的只是說出自己有時間(或沒有時間)見求助者。如果是有時間的話，便為第一次會面定下時間和地點。也應該讓求助者知道第一節會用多少時間。在這個時候，通常都不適宜問對方關注的事情是甚麼性質，或者鼓勵對方談及那些事。事實上，更合適的做法是在會友開始談及自己的問題時，告訴他們現在毋須說太多，自己期望在第一節輔導時詳細聆聽這些關注。如果對方正處於危機當中，則明顯是例外。

第一節

埃倫早到了十分鐘。邀請了她進入自己的辦公室後，牧師表示很高興見到她，請她分享甚麼令她想在這個時候和他見面。

埃倫開始時表示，她希望自己沒有佔用牧師的時間，並為致電給他而道歉，因為她不是教會的會友，而且只參加過幾次聚會。接著她說她很需要和牧師談話，原因很快便會變得清楚。她用幾句話說出令她現時感到苦惱的核心問題。她最近做了墮胎手術，為此感到頗為內疚。但這只是她問題的開始。在致電給牧師前兩天，她發現墮胎的後遺症令她需要切除部分子宮，她永遠都不能再懷孕。接著她談到自己對丈夫感到的憤怒，她表示是丈夫說服她墮胎的。這憤怒混合了對失去生育能力的哀傷，以及對自己串謀墮胎的內疚。當她講述這些事情時，大部分時間都在哭。

評論：這個部分為時大約十分鐘，期間牧師很少說話。有幾次埃倫含著淚抬頭看牧師，並似乎因為他明顯十分專注和溫暖的同在而感到欣慰。如果牧師感到埃倫需要他說多一點話，他就說些好像「我肯定那一定令你十分苦惱」或「我感到那消息一定令你十分失望」這樣的話，給予合宜的支持也是合適的。這些最低限度的介入，能夠顯示牧師對她的情緒敏感，可以鼓勵她繼續表達這些情緒。不過，同樣的事情往往可以透過語言以外的方式傳遞。關鍵是會友知道牧師正在聆聽並接受她的感受。不過，不同的輔導員有不同的方法傳達這意思。

同樣重要的是，要留意牧師並不感到需要令埃倫覺得好一點(或者如果有這需要，他也沒有給予滿足)。給予保證只會暫時壓抑她的感受，更可能令她遠離那些感受。表達同情(「聽到這事的確令我很難過」)是毫不相干的，也會令她從專注於自己的感受，轉為專注於牧師的感受。不過，牧師的同理心令她知道，牧師正在聽她說話，並開放自己，嘗試明白她的感受。同情更像在心理上「將手放在別人的肩頭」，雖然同情有它的地位，但在治療中，同情通常都不如同理心。在埃倫的個案，有某一個時間的確需要幫助她感到好一點，但現在這時間仍然未到。在她能夠脱離她那強烈和痛苦的感受前，她需要經歷和表達這些感受。

在結束這樣傾出自己的感受後，埃倫直接望著牧師，他們説了以下的話：

埃倫：由於我所做的事，你一定以為我是個糟透的人。我違反了自己一直相信的一切，我不能肯定我能否原諒自己。但我知道我永遠都不能期望神饒恕我。

牧師：事實上，我不認為你是個糟透的人。令我關心的是你感到自己是多麼糟。你明顯令自己失望，也感到自己令神失望。你似乎對這件事感到那麼傷心，以致你以為自己不配得到饒恕。

評論：這是很好的介入。埃倫要求牧師説出自己對她的感覺，牧師明智地給予簡短的回應，接著很快便回到她目前的感受和這個問題本身。埃倫開始談及她對自己和神的感受，而這是十分重要的。牧師的反應提醒她這個方向，並鼓勵她繼續下去。

埃倫：那是肯定的！我令自己失望。我不能相信我真的墮了胎。我一直都維護生命。事實上，讀大學時我甚至參加過維護生命的羣眾集會。如果我的朋友知道我做了甚麼事，一定會很討厭我。但最糟的是，我不斷想到自己怎樣令神失望。祂一定真的十分討厭我。

牧師：你令祂失望的神，是怎樣的神？

評論：這個簡短的介入，示範了牧師合時和合適地給予引導。藉著這個引導，牧師鼓勵埃倫進一步探討靈性層面的情況，那些她兩度提及的事情。

埃倫：和你的神一樣。我是基督徒。

牧師：是的。但告訴我多一點你對這位神的經驗。祂是怎樣的？你怎樣和祂交往？祂又怎樣和你交往？我想多知道一點神在你生命中的地位，以及成為基督徒對你來說有甚麼分別。

埃倫接著描述的神是完全透過律法經驗的，她幾乎完全沒有提到任何和恩典有關的事情。牧師問她這位神和基督徒交往時，饒恕有沒有任何地位，她表示雖然她知道基督徒應該相信有饒恕，但她個人對此沒有多少經驗。她也表示自己曾經祈求饒恕，但事後並不感到好過一點。這帶來以下的談話：

牧師：我相信對我們人類來說，給予和接受饒恕都是一個過程。只有神能夠即時這樣做。這個過程涉及感受，但感受並不是全部。我們會再討論這個問題，並一起研究為甚麼你滯留在這個過程。但首先我想多聽一點你怎樣和這位有那麼高標準的神交往。那些標準是你感到不大可能達到的。

埃倫：那正是我的感受。神定下那些規則是好的。祂可以很容易遵守那些規則。祂是神。但我只是凡人。神沒有和我丈夫一起生活。就我所知，祂甚至沒有職業，祂肯定不用面對我為了維持婚姻、發展事業，同時嘗試做好基督徒所面對的壓力。我知道神不同意我所做的事。但那對祂來說是很容易的。

牧師：我不大肯定我可以同意，要神看著你掙扎，做你知道自己應該做的事時那麼艱苦，是很容易的事。我甚至不認為祂看著你，只感到討厭和憤怒。我對我們的神的一切認識，都顯示祂和我們緊密認同。道成肉身就是這個意思。我不相信在你令祂失望時，祂轉身離開你。但你是否感到，我的話是真的？

埃倫：我想相信這話。我真的想。但我感覺不到神與我一起，現在尤其感覺不到。

評論：牧師在這段時間的介入清楚說明，輔導可以怎樣扮演宣告的角色。牧師首先藉著一個問題(「神對待祂的百姓時，饒恕有沒有任何位置？」)間接提出那個好消息，然後更直接地分享他相信神是和祂所有百姓一起，並且是為他們所有人著想的。但和講道不同，這一切都是在對話中進行的。

雖然牧師在這部分說的話大都有教育或教誨意味，但卻以對埃倫的感受有相當的敏感作為平衡。牧者也繼續主要處理她的經驗。在簡短地提到道成肉身的意義後，牧師檢視一下埃倫認為這是否值得相信或有幫助，藉以保持緊貼她的經驗。

牧師：你有沒有曾經感到神和你同在，為你著想？

評論：這個問題將埃倫引向她現時的問題的更大背景。牧師踏出第一步，推動她回顧自己的靈性和宗教功能的歷史。在這個時候，這是頗為恰當的。

想了一會後，埃倫描述了童年在自己成長的聖公會教會的幾次崇拜經驗。那時她感到平安和寧靜，強烈感到神在崇拜中，並和她同在。她指出，在童年時，她對神的基本感覺是愛、平安和美。

當牧師問她甚麼令這種感覺結束時，埃倫提到在十一歲時，她家庭經歷的重大轉變。當時她的父母有他們視為歸信的經驗。接著他們開始到社區裏一間細小的福音派教會聚會，家庭生活很快便以這間教會為中心。埃倫形容這是她童年的結束，至少是到那時為止，她所認識的快樂童年的結束。她說她父母變得沒有樂趣，在為她和妹妹定下規則時變得更嚴苛。

當牧師要求埃倫多說一點關於她父母的事時，埃倫表示自己一向都和母親比較親近。她感到母親在情感上給她支持，雖然她有點沉醉在自己的世界。在早年的家庭生活中，她母親曾經是專業音樂家，但在埃倫八歲時，母親因為嚴重的健康問題，被迫提早退休。母親當時頗為沮喪，似乎疏遠了埃倫和其他家人。她感到母親從沒有真正回到她和妹妹身邊。幾年後，母親的健康情況改善後，便將感情寄託在那間新教會上。埃倫說她感到自己好像孤兒。

埃倫的父親是一位醫生，對她的童年從來都不十分重要。她說自己從未真正認識父親。她童年和父親最重要的接觸是在父親扮演紀律執行者的時候。一般來説，父親對她似乎是冷漠和專制的。她也表示父親對她做的事從來都不感到滿意，父親總是告訴她，她可以做得更好，從不對她的成就表示欣賞。埃倫説她感到在她婚後，自己和父親的關係有些改善，但她仍然對父親感到有一點兒怨恨。

接著，牧師問埃倫能否告訴他一點關於她和丈夫以及他們的婚姻的事。埃倫在大學時認識丈夫里克(Rick)。在其後的幾年，他們不時約會，並在兩人都是二十五歲時結婚。當時，她最欣賞里克的其中一件事是，他支持她建立自己的事業。這對她來説是十分重要的，因為那時她以專業成就來衡量自己的價值。埃倫認為母親因為放棄了自己的事業，所以是失敗者；她很希望自己會有成就，而里克在這方面給她支持是十分重要的。

本來他們的婚姻基本上是快樂的，而且似乎有重要的力量。子女一直都是他們產生衝突的主要原因。雖然埃倫無意放棄自己作為室內設計師的事業，但她希望在某個時候有兒女。里克對自己是否想有兒女卻不大肯定，但十分清楚那時一定不是他們生兒育女的適當時候。埃倫漸漸感到，里克對兒女這個問題的關注，並不是出於對她的關心，只是反映了他自私的欲望，在自己向上爬時，不想有任何事情令他分心。過去一年，他們多次為此發生爭執。自從埃倫墮胎後，這些爭執變得愈來愈頻密。雖然那次墮胎至少在某程度上是對來自丈夫的壓力的讓步，但埃倫也有這個想法，因為她仍未計劃懷孕，認為那對她的事業來説是一件壞事。她的丈夫似乎不大明白她對墮胎感到的罪疚和衝突。她甚至仍未告訴丈夫自己喪失了生育能力。

評論：這個對埃倫的家庭背景和婚姻的探討用了差不多二十分鐘。牧師記下了很多題目留待將來討論。但現在他仍然不讓埃倫離題，繼續留心聽她分享。他開始在心裏將埃倫和父親、丈夫及神的關係聯繫起來，但卻避免評論這些關係。牧師注意到只有十分鐘多一點便要結束這個小時的會面，於是便引入最後的轉折。

牧師：唔，我們今天早上一起的時間差不多要結束。或許我們應該將這些事情組織一下，看我們有甚麼進展。你談了很多問題，我想我對引發你和我接觸的那些問題也頗為了解。你對我們到現時為止的談話感到怎樣？

埃倫：能夠告訴你我現在的處境多麼糟糕，令我感到很寬慰。我一直都將大部分這些問題藏在心裏，但我知道我不能繼續這樣。但我仍然感到困苦。我不知道怎樣處理我的感受。

牧師：甚麼感受令你最苦惱？

埃倫：唔，我想我最深的感受是內疚。但我也對自己和丈夫感到很憤怒。我對自己剛剛得到的消息，就是我再不能有自己的孩子，感到難以置信地憂傷。我想或許這是神對我所做的事的懲罰。

牧師：同樣，我不大肯定這是神的處事方式。我懷疑你對神的觀念有好些重大的扭曲。我想更深入研究部分這些觀念，也就是，如果你想再和我見面的話。

埃倫：啊，當然，我想那樣做。

牧師：唔，我很高興能夠和你再討論這些問題。我們下星期同樣時間再見面好嗎？讓我告訴你，我提供的輔導都不超過五節。這表示我們最多會再見面四次。不過，如果我們能夠同意以一個問題為焦點，而你又願意好像今天那樣坦率和努力，我們會有足夠的時間。但在結束今天的時間前，有一樣事情是我們需要弄清楚的：你最希望得到幫助的是甚麼？

埃倫：那相當明顯。是我的感受。特別是那罪疚感。

牧師：要現在就決定你哪一種感受是最主要和重要，可能有點困難。我懷疑你可能會發覺自己在罪疚、憤怒和憂傷等感受之間來自往返。但我同意，或許最好是從罪疚感和你對神的經驗開始。如果你能夠經歷神的饒恕，並給予自己和丈夫同一種饒恕，我相信你會更能夠處理你面對的其他感受。

埃倫：我同意。我想這正是我來找你的原因。我想和你多談幾次，看你能否幫助我整理一些令我那麼混亂的東西。

牧師：在我們結束前，讓我為你禱告好嗎？

埃倫：好啊。

牧師：好吧。讓我們一起禱告。[簡短的禱告。]我想知道你是否願意在這個星期讀一點東西。我特別有幾段經文希望你能夠花時間閱讀和思想。或許下星期開始時，我們可以簡略地談一談你對這些經文的反應。[埃倫點頭表示同意。]那好吧。我想你讀兩段經文，是關於神某個方面的。我懷疑以你的經驗來說，對這個方面會頗為陌生。新舊約聖經一再用牧羊人來比喻神。我想你閱讀約翰福音十章。在那裏，耶穌形容自己是好牧人。我也想你閱讀詩篇二十三篇。在這首詩，大衛提到自己經驗到神是好牧者。你閱讀這些經文時，花時間默想基督是好牧人。你可能想記下你的思想。無論你對這些經文有甚麼反應，下星期都可以告訴我。

評論：第一節就這樣結束。在這一節，牧師頗成功地完成了輔導第一個階段的任務。他和埃倫建立了很好的合作關係。她清楚找出自己的主要關注。他們一起探討了這些關注的背景。我們也應該留意，這第一節預示了很多接著會處理的事情。探討埃倫的情緒已經開展得很好，探討她的觀念的認知任務也展開了，這有助她解釋自己的經驗，以及提出新的理解。牧師也開始探討她的功能那行為的部分，簡短地討論了那次墮胎，以及她和丈夫的關係。這一切都令埃倫明白輔導會怎樣進行，幫助她預期其後幾節會發生甚麼事。

牧師提議埃倫閱讀兩段經文，並非期望這樣可以糾正她對神的看法，而是要將她引向聖經的神，幫助她看到聖經的神和她經驗的神有甚麼不同。另一個可能有助她預備下一節輔導的習作是，要求她在這個星期內記錄自己的感受。直接將習作連繫到下一節的焦點（如果有給予習作的話），是幫助會友為下一節作準備的好方法。

第二節（一個星期後）

在回答牧師問她那個星期過得怎樣時，埃倫表示自從上次會面後，她感到好一點。她說思想那些經文對她頗有幫助。她很快便發覺，自己從未經歷過神是慈愛、充滿關懷和溫柔的牧者。這令她多談一點她對神的實際經驗。她提到自己對神的恐懼及罪疚感。有兩次，她也談到好像「我就是不能相信我那樣做——我真的墮了胎！」這樣的話。她第二次這樣說後，牧師回應說，雖然她說自己不能相信神能夠饒恕她，但他聽到的卻是，要她饒恕自己似乎更困難。牧師說她使用的那些「踢自己」(她剛使用過的詞組)的語言表示，她對神感到的罪疚感，和她對自己的憤怒混合在一起。

評論：牧師在這一節的主要目標是解開埃倫的情感。在開始的時候，他留意到埃倫將自己對神和對自己的感受混淆了。她在談論神，但卻不斷表達對自己的感受。牧師指出這個觀察，幫助埃倫進一步表達和探討自己的感受，並將相關的感受加以區分。

埃倫對這個觀察的回應是，專注於自己對自己的憤怒，並表達這憤怒。她說自己並未預備好饒恕自己，因為她不配得到饒恕。牧師指出，雖然上星期他們談及神的標準高得不可能達到，但似乎埃倫的標準也是這樣。埃倫同意自己給自己的標準相當高，但也表示這對她來說是基本的。她繼續說，很久以前，她已經決定，無可指摘是她確保自己能夠得到周圍的人尊重和接納的方法。這帶來以下的對話：

牧師：我認為你剛剛說了一件十分重要的事情。我覺得你的問題和神的標準的關係，似乎不如和你沒有能力持守這些標準的關係那麼大。在我看來，你自己內化了的標準，似乎和神的標準沒有多大分別。但雖然神清楚明白你是凡人，知道你憑自己完全不能遵守祂的律法；你卻沒有這樣寬待自己。相反，你期望自己成為神。你期望自己不犯錯、不犯罪。你要求自己**成為**永遠都不需要自己或別人饒恕的人。

埃倫：[開始哭起來。]這是真的。我的確要求自己完美。我想我一直都是這樣。我父母對我也似乎有這個期望，我猜想我以為神也對我有這個期望。這似乎是確保我得到他們的愛的方法。但那卻是行不通的。我一直都不夠好，特別是對我父親來說。

牧師：那感覺是怎樣的——永遠達不到父親的期望？

評論：這是很好的治療性對話。埃倫正在探討和表達她的感受，那些糾纏在一起的情緒漸漸解開。一種感受帶來另一種感受，而牧師接納每一種感受，反映神接納她，示範了她可以怎樣學習接納自己。

牧師的問題說明了一個嘗試解開情緒時的重要原則。埃倫的感受交纏在一起，表示她經驗到多種不同感受，是和多種不同事物有關的。牧師的責任是有系統地帶過這一系列材料。如果埃倫一直都為那一節定下方向，她便會傾向很快地越過這些不同感受和事物。牧師知道所有（或大部分）這些感受或事物最終都需要探討，但他也知道最好的做法是每次只探討其中一樣。不過，不應該死板地進行，因為它們都是緊密相連的。在埃倫專注於對自己的憤怒後，牧師（跟隨她的帶領）

建議她探討自己對父親的感受。

對鼓勵她探討自己對永遠不能達到父親要求的感受，埃倫的反應是哭起來。她表達了一個小女孩的失望。她崇拜父親，渴望得到他的愛，但卻似乎只得到他的指摘。她感到自己永遠都不能達到他的標準，即使是在她表現得最好的時候。失望與沮喪的感受和憤怒的感受混在一起。追隨著她的憤怒，埃倫表示，由於她父親不可能被取悅，她已經放棄嘗試，不再在乎父親怎樣看她。為了幫助埃倫將焦點保持在自己的感受上，牧師雖然想問她這是否真的，但卻沒有這樣做，而是問她在自己對父親的感覺和對神的感覺中，有沒有發覺任何共通之處。她回答說她更難不理會神；而且她對父親感到憤怒，對神卻只感到罪疚。這帶來以下對話：

牧師：或許你不能相信，雖然你達不到神的標準，但神仍然愛你；這和你從未發覺父親是這樣有關的。而正如你說，你更難不理會神，很可能也更難向祂發怒。所以，你對自己做過的事感到罪疚，但卻不能接受祂無條件的饒恕。你希望贏得祂的愛，而不是當它為禮物來接受。你的一切經驗都令你相信，愛是需要贏得的，無條件的愛這個觀念令你不安。

埃倫：我想這是真的。我害怕對神發怒，我也不真正想得到祂饒恕。我只是想感到好受一點。我不想得到任何施捨。我想贏得它。我會做任何事令自己感到好一點，但我不配別人只是讓我脫身。

牧師：你是那麼壞，所以應該受到懲罰。你做過的事是那麼可怕，除非你因而受苦，否則公義便不會實現。饒恕似乎太容易，太廉價了。

埃倫：是的，這就是我的感受。[哭起來。]我奪去我孩子的生命，因為我不想他影響我的事業。**我**那樣做了。實際上沒有人迫我這樣做。當然，我丈夫希望我這樣做，但他沒有用槍指著我的頭迫我。是我做的。我做錯了。我**感到**自己有罪，因為我的確**有**罪。

牧師：我沒有視你的罪疚感為神懲罰你的標記，而是視它為憐憫的標記。那是神的恩賜，顯示祂和你同在。祂希望以祂的愛和盼望包圍你，我相信祂也希望你可以在自己的罪疚感中遇見祂。你也已經認了罪。要記得聖經說：「我們若認自己的罪，神是信實的，是公義的，必要赦免我們的罪。」你已經做了神要求你做的事。接著要接受祂說祂會做甚麼。祂的饒恕已經是可以得到的。你可能不會立即(甚至到了最後)對發生了的一切感到好一點，但要肯定祂已經饒恕了你。

評論：牧師這段話略嫌太長。他嘗試將太多東西放在一句話裏。不過，這段話在適當的地方結束，因為他將埃倫帶回她的感受。

埃倫：我的確想得到祂饒恕，但你是對的。那是很難接受的，因為我感到自己應該受到懲罰。或者至少我不配得到饒恕。

牧師：你不將罪的嚴重性儘量減輕，這是對的。但那好消息是，別人——就是耶穌——承受了你的罪和懲罰。

你所做的事是錯的。饒恕並沒有忽略這個事實。但神渴望饒恕你和深深地愛你，即使是在你犯罪的時候。

埃倫：[哭起來。]我已經知道這一點，但我想我從未真正接受它。我確實想得到神饒恕。我想我現在已經預備好接受饒恕。

牧師：唔，正如我說過，饒恕現在已經賜給了你。要相信這點。要肯定神全面和完全地饒恕了你做過的事，你毋須再做任何事情。

評論：這是埃倫的個案中一個相當重要的轉捩點。牧師已經告訴她，她不應該期望所有壞感受會突然間完全消失。在第一和第二節，牧師都說她的感受並不能可靠地顯示神饒恕她這個事實。埃倫現在似乎真的預備好接受那饒恕，這對她來說會是一個重要的時刻。

不久第二節輔導便結束。牧師借了一本有關罪疚和饒恕的書給埃倫。他表示那本書會幫助她進一步思想他們討論過的一些事情。他們同意兩個星期後進行下一節輔導。接著，牧師提議，在為下一節輔導作準備時，埃倫應該多想一點她做甚麼來贏得別人的尊重和接納。牧師也鼓勵埃倫留意自己經驗到的重要感受，並將這些感受和其他思想記錄下來，在下一節選一些和他分享。

評論：雖然這一節原本的焦點是探討和表達感受，實際的過程卻顯示感受和思想是多麼緊密相連。這一節包含了富成效的情緒工作，但牧師也繼續糾正了一些她對神本性的錯誤觀念，埃倫似乎真的經歷到神的饒恕。因此，這一節很好地示範了策略性牧養輔導第二個階段的工作。

牧師給埃倫習作，希望能夠開始將他在第一和第二節看見的一些線索連繫起來。他發覺埃倫與神的關係，和她與父親的關係有重要的相似之處；也可能和她與丈夫的關係有相似之處。在第一節，他們已經確定罪疚和憤怒的感受是輔導的焦點。在第二節，埃倫主要處理罪疚感，特別是她與神的關係。不過，她與父親的關係一直都包含在討論中。正是這個觀察令牧師給埃倫習作。他希望那個習作可以幫助埃倫開始將她對地上的父親有甚麼看法，以及自己和他的關係；和她對天上父親的看法，以及自己和祂的關係連繫起來。

第三節（兩個星期後）

開始這節時，埃倫告訴牧師，上一節結束後，她情緒頗為低落。雖然她的罪疚感減輕了，和神的關係大致上也有改善，但對因為下星期要面對的手術而失去生育能力卻感到愈來愈沮喪。她告訴了丈夫自己要接受那個手術，而他似乎比她預期中給她更大的支持和理解。不過，她感到自己被困於這沮喪中。現在她比任何時間都更明白，自己多麼渴望能夠有自己的孩子。

評論：牧師計劃利用這一節探討埃倫和丈夫、家人以及可能包括其他人的關係，怎樣涉及同樣要靠贏得愛和尊重的努力，就好像他們在她和神的關係中所發現的一樣。不過，這一節開始的時候，已經顯示埃倫有她自己想討論的問題。牧師應該怎樣做？

牧師決定將自己想討論的問題擱置是對的。埃倫提出的問題，和他們之前同意的焦點關係十分密切。牧師對這一節的計劃是合理的。不過，在輔導的這個階段，不可能預測在前一節輔導後會有甚麼感受浮現。她現在感到的沮喪是她把較早前感受到的憂傷增強了。這不是新課題，而是舊課題的延續。所以，牧師擱置自己的計劃，跟隨埃倫提議的方向是恰當的。

但這並非表示策略性牧養輔導員應該總是預備讓會友決定某一節討論的內容。如果埃倫開始這一節時，提出和她事業未來的方向有關的問題，牧師的正確做法便是溫柔地提醒她，他們同意以甚麼為焦點，並問她這個新問題和那個焦點有甚麼關係。當然，如果雙方同意，仍是可以轉換焦點的。不過，改變方向必須明確地進行。如果沒有改變焦點，牧師便有責任提議大家回到原來的焦點。可以透過提出有關習作的問題，達到這個目的。

牧師鼓勵埃倫多談一點她對有自己的孩子的渴望。他也建議埃倫探討那將要進行的手術表示她會失去甚麼。這帶領她詳細地談及一些她認為孩子會帶給她的東西，包括以她從未讓別人愛自己的方式愛一個人，以及有機會以比她父母更好的方式養育孩子。她也說雖然她對母親因病而放棄自己的事業感到失望，但卻羨慕她花了那麼多心血扮演母親的角色。這令埃倫回到她對父親的憤怒。牧師不理會這個主題，並令她專注於預期養育孩子會有甚麼回報這個問題，作為幫助她開始處理哀傷的過程。

當牧師問埃倫，為甚麼比自己父母更好地養育孩子是那麼重要時，她表示不知道。牧師要求她思想這一點，不要視之為不言而喻的。想了一會後，她說她有這個想法，可能是因為在事業方面，她沒有希望達到父親的期望，所以想在有機會比父親優勝的方面超越他。她也想到另一個可能：或許事業成功對她來說並不如她想像中那麼重要，照顧家庭才是她想得到的真正挑戰。她進一步探討第二個可能性時，發覺那不是非此即彼的問題。她真的想有自己的事業。這不單是回應別人的期望。不過，她也希望有家庭，不滿足於視孩子為只是追求事業成功的障礙。這令她想起太多她父親怎樣看她和她的妹妹，她發誓自己不會這樣看孩子。

接著埃倫開始討論她與丈夫的關係。她說他對情感毫不敏感，只專注於自己，除了自己以外，不能真正愛任何人。她懷疑自己曾否真正愛過丈夫，有時甚至不能肯定自己是否想繼續這段婚姻。牧師感到這是一個很大的問題，不可能在一兩節內處理，並問她有沒有告訴丈夫自己這些感受。她說他們爭執時都高聲向對方說出這類話，但多年以來都沒有就任何在情感方面有重要性的事情真正溝通過。接著牧師問埃倫，她會否考慮告訴丈夫自己對他們的婚姻感到不滿，提議大家一起接受婚姻輔導。她認為丈夫對這個提議不會有良好反應，但表示會嘗試和他談一談。牧師鼓勵她在下一節輔導前和丈夫討論這個問題，並表示如果他們想接受婚姻輔導，他會幫助他們找婚姻輔導員。

留意到還有不到十分鐘便要結束這節輔導，牧師提議大家簡短地回顧令埃倫尋求輔導的主要關注，並考慮下一節應該做甚麼。埃倫說罪疚感不再是問題，但她想多談一點那切除子宮手術以及手術帶來的後果。雖然她並不十分擔心那個手術，但卻感到在情感上，那會是一個難受的經歷，她很可能想利用下一節討論這件事。她也表示自己想多談一點和父母的關係，因為她對父親仍然感到憤怒。她說雖然她知道自己應該饒恕父親那樣對待她，但卻不能這樣做，所以想多點談論這個問題。

牧師回應時指出，討論她和父親的關係，可能會令他們過分偏離大家先前同意的焦點，那就是她的罪疚感，她對自己和丈夫的憤怒，以及她對切除子宮手術的憂傷。牧師建議兩人利用下一節(定了在四個星期後進行)討論和切除子宮手術有關的事情。如果她仍然想探討她和父親的關係，他們可以在最後一節花點時間討論這個問題，並處理那些仍未解決的問題。牧師也問埃倫是否願意在住院期間讓他探望她，埃倫表示沒有這個需要，她寧願在下一節再和他談話。第三節就這樣結束。

評論：雖然這一節的方向是牧師沒有預計的，卻是恰當地運用他們一起的時間。事實上，那焦點是可以預期的。接受輔導的人，在第一節後感到好一點，然後在第二節後情況又變差，是頗為常見的。在第一節，講述自己的故事帶來頗大的釋放。不過，當輔導開始進行後，情感的傷痛會浮現，人們往往感到更糟。雖然埃倫最關注的罪疚感減輕了，在第一節找出的其中一個問題(和將要接受的切除子宮手術有關、那種有所損失的感覺)變成主要的關注，也毫不令人感到意外。

牧師處理埃倫在這一節提及的婚姻問題的方法，顯示他有良好的判斷力。這些問題超出他們同意的焦點的界限。即使將埃倫關注的其他問題都排除(或者大家都同意將婚姻問題放在更重要的位置)，婚姻問題依然是太重大，不能在餘下兩節好好處理。牧師一方面鼓勵埃倫將自己的感受告訴丈夫，另一方面又建議他們接受婚姻輔導，是很好的策略。

最後十分鐘的複習和重新對準焦點也是十分重要的。這樣可以讓埃倫和牧師澄清他們在餘下兩節的目標。牧師主動提出到醫院探望埃倫也是合宜的。如果埃倫同意讓牧師探望她，那探訪便會和輔導相當不同，包括簡短地談論她現時的情況，但卻不會討論她失去生育能力或安排了在輔導時討論的題目。

第四節(四個星期後)

在開始第四節時，埃倫談及手術的具體情況和自己的康復。她仍未恢復工作，因為她仍然感到頗為虛弱。情緒方面，正如她事前估計一樣，她仍然感到那經驗很難受。她形容她感到自己好像不是完全的女性。她說她的感受就好像一些被切除乳房的婦女一樣——自.己失去了部分女性的特徵。她感到自己被奪去一些自己不應該失去的東西，在三十一歲接受這個手術實在太年輕了。切除子宮手術令她再次對自己感到憤怒，也對丈夫感到憤怒，因為他鼓勵自己進行墮胎。

在討論期間，埃倫也問牧師自己是否正在經歷神對那次墮胎的懲罰。雖然她以前也順帶提過這個問題，現在這件事似乎令她感到頗為困擾，所以她直接向牧師提出這個問題。牧師肯定地告訴埃倫，他相信對已經發生了的事有這種想法並沒有用，並提出，神以祂的憐憫幫助人們應付自己的罪帶來的後果，而不是加深他們的行動自然帶來的懲罰性結果。為了說明這一點，牧師引用神用獸皮給亞當、夏娃作為衣服，代替他們的無花果葉作為例子。牧師也指出，如果神會因為她墮胎而懲罰她，令她失去生育能力，祂甚至會脫去亞當、夏娃的無花果葉，令他們感到更羞愧，而祂絕對不會在他們的罪和罪疚中來到他們那裏，以行動救贖他們。埃倫似乎從這說明中得到安慰。

接著她多談了一點她對永遠都不能生育的感受。這件事仍然令她感到沮喪。她提到年輕的女孩子絕對不想懷孕，但卻偏偏懷孕；她希望懷孕，但卻永遠都不能這樣。牧師就抓著「希望懷孕」這句話，問她如果她能夠懷孕，現在是否真的希望這樣。她說矛盾的是，這的確是她的願望。雖然只是在四個月前，她才終止了一次自己不想有的懷孕，但現在她感到自己為了能再次懷孕，幾乎願意做任何事，而且現在這刻就樂意懷孕。接著她開始哭起來。過了一會，牧師說：

牧師：你因為不能有孩子而感到十分傷痛，我也感到在某程度上，你的感覺就好像你的世界崩潰了。

埃倫：的確是這樣。我知道不是一切都完了，但我突然發覺，自己是多麼想成為母親。那可能不是世界末日，但現在這卻是我的感受。

牧師：是的。我想我是明白的。而你的感受是真實的。但讓我們更仔細地研究你感到自己走進了死胡同這種感覺。那是真的嗎？

埃倫：唔，我仍未死。那是真的。但我不能再有小孩。

牧師：那正是我所質疑的。不要排除收養這個可能。你要有作母親的經驗，不一定需要誕下小孩。你以愛養育的孩子毋須是你身體的產物。多年以來，我認識很多夫婦，他們不能有自己的兒女，但卻收養了小孩，並發覺這十分能夠滿足他們作父母、建立家庭的願望。不要在這時排除這個可能。

埃倫：我想你可能是對的，雖然兩者永遠都有分別。

牧師：這或許和你本身對作母親的觀念不同，但你的觀念可能太狹窄。不要限制自己的選擇。

評論：這個簡短的介入，嘗試令埃倫的前景保持開放。人們感到沮喪，往往是因為視野受到障礙。我們必須接受他們那些感受，並承認那是真實的；但我們往往同時有可能提出看事情的另一些方法，找到新的可能。

接著，埃倫繼續談到自己正在經歷、佔主導的憂傷感覺。牧師感到這份憂傷的來源，超出了他們已經分辨出來的損失，於是問埃倫能否想到任何其他源自墮胎和切除子宮手術的損失。想了一會後，埃倫表示自己也失去了以前的自我形像。她感到自己再不能作以前那個天真的理想主義者。她做了一些自己以前認為是不能想像的事情。她認為，如果她可以這樣做，任何人都可能做任何事。對她來說，這是破壞性相當大的經驗。這經驗不單改變了她對自己的看法，也改變了她對其他人的看法。她形容這是純真的消逝，或童年的結束。她也說失去以前的自我形像毫無疑問是她憂傷的一部分，雖然在那一刻之前，她都不能用言語表達。接著她和牧師有以下對話：

牧師：我聽著你說話時，愈來愈清楚為甚麼你感到那麼憂傷。在過去幾個星期和幾個月，你失去了那麼多東西。你失去了自己的純真，失去了你理想主義的一部分，以及你對自己和世界的想法。你也失去身體一個重要部分，而這也是最重大的情感損失。當然，你還失去了生育能力，而對你來說，這是很大的損失。你就好像一個人，剛面對自己十分疼愛的人死去，在幾個星期後，另一位自己很愛的人又去世。你的哀傷是這些損失結合起來的結果。但據我看來，這似乎是正常、甚至是健康的。事實上，如果你不感到憂傷，我會更擔心。隨著時間過去，你的憂傷會減輕，特別是當你繼續面對背後的感受，並處理那些損失的時候。但現在那些感受是對真實損失的現實反應。

埃倫：[笑起來。]我不能肯定這令我感到好受一點，還是更糟。但我猜想，聽到你說我的感覺是正常的，這是好的。我曾經抑鬱過，也曾因為自己這樣想而不高興。但那只令我感到更糟。

評論：牧師在這裏的介入，是為了幫助埃倫將她的經驗正常化。輔導員需要小心，不將不正常的事情正常化，或者將正常的事情當為不正常。但埃倫的哀傷似乎是對重大損失的正常反應。有一點也十分重要，我們需要明白，好像埃倫面對的這些損失的哀傷過程，涉及為那損失的每一個部分哀傷，因此，牧師嘗試找出埃倫哀傷的不同成份，以便幫助她分別處理每一部分。

在這個討論後，埃倫將話題轉到她的丈夫，表示自己向他提過接受婚姻輔導的事。他因為埃倫暗示他們有問題，所以大發雷霆。他告訴埃倫，問題全出在她身上，如果她再想多談這件事，便應該去見精神科醫生。某程度上，埃倫已預計丈夫會有這樣的反應，但仍然感到那破壞性相當大。她因為丈夫這樣對待她而表達她對丈夫的憤怒，並發覺自己再次對婚姻的前景感到憂傷。接著牧師問她對處理這個情況有沒有甚麼想法。她承認自己感到絕望，並問牧師自己應該怎樣做。牧師婉拒回答這個問題，要求她儘量想想各種可能的做法。雖然對此她似乎有相當困難，但仍然開始找到一些自己能夠做的事情，是可能幫助減低丈夫的防衛性，有助他們溝通的。牧師鼓勵她找出幾個特定的目標，在下一節輔導前付諸行動，並定好下一節輔導的日期（三個星期後），然後結束這節輔導。牧師也表示他們會利用最後一節檢討大家的進展，簡單地想一想有沒有甚麼問題未解決（包括她與父親的關係，如果她仍然想進一步討論這個問題的話），並一起展望未來。

評論：牧師就埃倫的婚姻的介入是處理這個問題的好方法。正如他們已經發覺，她的婚姻問題超出這五節輔導的合理焦點。不過，計劃一下埃倫除了接受輔導外還能夠做甚麼，卻是合適的，特別是在他們正在準備結束輔導的時候。牧師拒絕告訴埃倫她應該怎樣處理自己的婚姻，並鼓勵她定下符合現實的目標，嘗試在下一節前實行，藉以不讓埃倫依賴他。

第五節（三個星期後）

開始最後一節輔導時，埃倫談及她做過的一些嘗試改善和丈夫的溝通的事情。這些努力有某程度的成功。她和丈夫有關她對切除子宮手術的感受的談話頗為良好。她提議兩人可以在適當時候考慮收養孩子。雖然丈夫不喜歡這個建議，但她感到丈夫某程度上也理解她的感受。不過，他們的婚姻中似乎沒有任何其他改變。

接著牧者問埃倫有沒有甚麼事情想討論，或者有沒有思想過他們一起做過的事情。她說她想過之前的四節輔導，覺得這幾節輔導對她幫助很大。當牧師問她能否說得具體一點時，她表示牧師為她做了的最重要事情是接受她的感受，也幫助她接受自己的感受。她也說自從最初接受牧師輔導後，她的感受也有頗大改變。她繼續經歷神的饒恕，最近幾個星期從沒有懷疑過這件事。不過，雖然她的罪疚感和抑鬱都減輕了，但她仍然感到有點憤怒，主要是對她的丈夫。這引致以下對話：

牧師：唔，告訴我一點關於這憤怒的事吧。你在甚麼時候這種感覺最強烈？

埃倫：我想我大部分時間都感到憤怒。我和他一起時感到最憤怒。我看到他多麼自私。他和我父親是那麼相似。我從沒有好像現在看得那麼清楚。他們都只顧自己的利益。現在我開始明白母親的感受。我不明白為甚麼她能夠和父親一起那麼長時間。我真的為她感到難過。

牧師：我想你認為你父親和丈夫有一些重要的相似之處是對的。而由於這個原因，你對丈夫的一些憤怒，其實是你對父親的憤怒。我不知道你是否感到那是真的。

埃倫：你可能是對的。我只知道他對待我的方法頗為熟悉。我不認為他對我的看法，甚至對我的認識是真正的我。他眼中的我只是他自己的延續。而這正是一直以來我對爸爸的感覺。我初初遇見里克時，完全不覺得他像我爸爸。但現在我發覺他們的分別只是表面。基本上他們除了自己以外，不懂得愛任何人。

牧師：那可能是真的。但我說的是，你需要小心，確保你是以你丈夫的本相看他，而不是透過帶有你父親形像的眼鏡看他。我覺得你一定很容易墮進這個陷阱，或許甚至不可能不這樣。但如果你能夠提防這個陷阱，或許有助你和你丈夫的真我相遇，而不是在和他交往時對你和父親的舊衝突作出反應。

評論：在這裏，牧師回到他在第二節輔導結束時發現的問題，也就是她和別人的關係中的相似之處。

牧師這些介入的目標是幫助埃倫明白，她對父親的感受可能怎樣污染她對自己和丈夫關係的看法。如果她明白這一點，便能夠更實際地和丈夫交往。婚姻問題似乎是仍未解決的最主要問題，牧師利用這最後一節，幫助埃倫看見，在輔導後她可以朝甚麼方向走。

接著牧師問埃倫，對自己希望怎樣和丈夫相處有沒有甚麼想法。她說她確信他們需要見婚姻輔導員，但對丈夫會否同意這樣做卻沒有甚麼期望。她也說對丈夫能否有任何改變，她也沒有甚麼期望。牧師要求她花一分鐘時間，假設她丈夫不會改變，思想一下自己會怎樣應付這個情況。

埃倫：唔，我想我可以乾脆不理會他。如果我一直都嘗試改善婚姻，但他卻沒有改變，我只會愈來愈沮喪。

牧師：那可能是真的。但我不肯定惟一的做法是不理會他，或者放棄改善婚姻。另一個可能是限制你對他的期望。如果你要求他成為一個敏感、在情感上給你支持、愛你的丈夫，你可能會感到沮喪。但沒有這些元素，是否可能仍有好的婚姻？那肯定不會是理想婚姻，但不也是可行的婚姻嗎？

埃倫：但那並不公平！我應該得到更好的東西！我應該得到真愛。我應該有願意和我溝通的丈夫。

牧師：你這兩個說法都是對的。那並不公平，你的確應該得到更好的對待。但我問你，如果你丈夫沒有任何改變，你會怎樣處理。我並不是說他不會改變。但我要求你現實一點，考慮一下他不會有任何重大改變這個可能性。

埃倫：我不肯定我能否接受這點。唔，我想我是能夠的，但我不肯定自己是否想這樣做。我想我可以減低對他的期望，但我不認為我預備好那麼輕易地放過他。

牧師：但如果你要求他不做他自己，其實是在懲罰誰？誰受到更多傷害？是他還是你？

埃倫：我受到的傷害肯定比他多。所以你可能是對的。或許我真的需要改變自己對他的期望。我想我應該多思想這個問題。

牧師：我想你應該這樣做。如果你可以改變一些自己的期望，我相信你對他可能不會感到那麼憤怒。現在你的憤怒有部分是由於你期望他有所不同。你要求他改變。但他可能不可以改變自己來迎合你的要求。

埃倫：我想那是真的。那正是其中一件令我對婚姻感到最無助的事情。

牧師：除了減少對他的期望外，我想知道你對怎樣和丈夫相處還有甚麼其他想法。你的信仰能否提供任何資源，讓你應付不大令人滿意的婚姻？

埃倫：唔，基督教信仰告訴我，我需要饒恕他過去對我做過的事。我相信我將來仍需要繼續這樣做。但我不知道自己能否這樣做。

牧師：我想你對饒恕是多麼困難，以及饒恕對你和他是多麼重要的想法都是對的。他甚至可能不知道你需要為了甚麼饒恕他。你不能等他來求你饒恕他。但靠著神的幫助，那是你能夠做的一件大事。或許知道你自己也得到神饒恕，可以令你比較容易饒恕他。明白自己需要神的饒恕，然後經驗那饒恕，往往能夠大大幫助我們去饒恕別人。我相信你已經開始能夠饒恕你丈夫過去對你所做過的事，我也認為如果你明白這不會是你最後一次需要饒恕他，就是面對現實。

這時，牧師也提議埃倫不要放棄尋求婚姻輔導，也不要將他的話理解為表示她丈夫或他們的婚姻都不可能改變。牧師也指出，即使她丈夫不和她一起見婚姻輔導員，她也可以考慮獨自見輔導員。他再次主動提出，如果她願意的話，他可以幫助她聯絡一位婚姻輔導員。

留意到輔導差不多要結束，牧師問埃倫對輔導即將結束有甚麼感受。埃倫說她感到有點憂愁，因為她發覺那輔導對她很有幫助。她還說這天的輔導幫助特別大，她也希望可以繼續和牧師討論那些問題。牧師表示他們需要按計劃結束輔導，但如果過了一段時間後，她想再見牧師，她可以隨時打電話給他，安排時間見面。他告訴埃倫要結束大家的會面，他也感到有點憂愁，因為他也享受大家一起的努力。接著牧師問埃倫是否願意讓他為她禱告祝福，作為結束。她欣然接受。

評論：這最後一節輔導示範了策略性牧養輔導第三個階段的工作。輔導在這裏結束，雖然埃倫表示她希望繼續和牧師見面，而且仍然面對一些嚴重問題。但就那些令她尋求輔導的問題，她得到很大的幫助，她也得到牧養輔導的獨特幫助。如果她選擇找另一個輔導員，她也會以這次輔導的經驗作為基礎。

沒有任何個案能夠作為輔導的典型。埃倫的經驗是一個特定會友和一個特定牧師在一個特定時間的經驗。對某些人來說，這幾節輔導的氣氛似乎過於情緒化，另一些人則感到教誨和認知色彩過於濃厚，還有些人卻感到比較具體和著重行為。不同的牧養輔導員有不同的側重點，同一個牧養輔導員在不同時間也有不同的側重點。

不過，埃倫的個案的典型之處是：一個和生命經驗掙扎的人向牧者求助。牧師作為基督的代表，按著那人的真我接納她。牧者給埃倫的是時間、注意和治療性談話的技巧。但更重要的是，牧師帶領她和神及基督徒生命的屬靈資源接觸。這就是策略性牧養輔導動力的來源。策略性牧養輔導的能力主要不是在於輔導員的技術性介入，而是在於基督的位格和聖靈醫治、支持以及和解的能力。

6

比爾：一個一節的個案說明

牧者往往以為輔導是一種持續的關係，他們不明白，很多時輔導可以在一節內完成。策略性牧養輔導更是如此。因為這種輔導十分專注於焦點，所以特別適合那些需要簡短的牧養諮詢，而不是持續輔導的人。這個個案說明顯示，一節的輔導可以怎樣涵蓋策略性牧養輔導模式的主要任務，讓牧者和尋求幫助的人同在。

比爾(Bill)[1]是一位四十歲的已婚男士。他是教會一位相當資深的會友。他和太太都頗為投入教會生活，他們三個子女都在教會長大。比爾以前是一個基督教機構的市場總監，那個機構在第三世界從事社區發展和救濟工作。但最近機構因為收入減少，取消了比爾的職位。比爾收到六個月遣散費，然後被解僱。他最終在一間廣告公司找到一份性質和以前差不多的工作。

比爾在好幾個場合都和牧師提過這些改變。現在這次談話是牧師在教會聚會後問及比爾的工作時開始的。兩人有以下的談話：

比爾：這份工作相當不錯。但我必須承認，面對上一份工作的完結方式，我仍然感到難受。

牧師：聽到這事令我很難過。你在哪方面感到難受？

比爾：我不能肯定現在是否適合討論這個問題。那是比較難解釋的。或許我應該改天到你辦公室和你傾談。你這個星期有時間嗎？我想那不會花太多時間。但我希望有機會將這件事情傾吐出來。

牧師：我很樂意和你見面。讓我明天早上打電話給你，約定一個時間見面吧。

評論：如果牧師坦白的話，便會承認她那個問題是用作打招呼，多於認真地問候比爾的。因此，比爾的回答令她有點吃驚。不過，她很快便恢復過來，並要求比爾說得詳細一點。這句話也沒有帶來她預期的結果，因為比爾表示，當時的時間和環境都不適合回答她的問題。這清楚表示他正面對一些真實的掙扎。

幾天後，比爾和牧師見面，開始接受輔導。

牧師：早晨，比爾。很高興見到你。

比爾：謝謝。你問及我的工作，我真的感到很高興。正如我說，我的工作進展得很好。它實際上和我以前的工作十分相似。惟一分別是我現在不是為基督教機構工作，但那對我來說沒有甚麼問題。有問題的不是我現時的工作，而是我對上一份工作的感受。

牧師：告訴我多點關於那份工作的事吧。

比爾：唔，我仍然為了他們怎樣解僱我而感到不開心。事實上，某程度上，我比六個月前，那件事發生的時候更難受。那時他們告訴我，遣散我並不是因為我有甚麼問題。那只是因為機構重組，我那個部門變得多餘。事實上，他們告訴我，他們會用外面的廣告公司做我部門的工作，這樣比較化算。有一段短時期，他們可能真的這樣做；但我知道最近他們請了另一個人，負責很多我以前做的工作。我相信這個人和我以前的職級不同，但想到他們解僱我時，告訴我那不是因為我有甚麼問題，現在卻請了另一個人做我的工作，令我感到不高興。

牧師：那真的令人十分苦惱。你一定感到自己被出賣。他們似乎對你不夠坦白。

比爾：正是這樣。而他們是基督徒！正是這點令我憤怒。我不會再替基督教機構工作。我寧願每天和狼羣來往，也不要再和羊羣為伍！

牧師：似乎你受到的傷害，很大部分源自你對他們這些基督徒的行為感到失望。由於他們是基督徒，你對那機構有更高期望。你被羊咬傷，但一直以來，人們都令你相信，咬人的是狼。

評論：這最初的幾分鐘，讓比爾和牧師進入策略性牧養輔導的相遇階段。由於他們之前的關係，他們即時開始加入步驟。牧師在見面前，透過電話恰當地定下了界限。她表示自己有一小時和比爾見面，期望可以更詳細地聆聽比爾的問題，和他一起處理那些問題。由於他們處理了這些事情，在輔導時牧師和會友可以很快開始探討主要的問題。

比爾：那正是令我感到傷痛的地方。他們說話都很動聽，但你看到的情況卻不一樣。他們談及以基督教的價值觀建立那個機構，但我在那裏卻看到很多人受到不好的對待。我不是第一個受到可恥的對待的人，也很可能不會是最後一個。如果他們只是想找一個薪金比我低的人代替我，他們應該坦白告訴我。他們的忠誠在哪裏？我好好地為他們服務了四年，而且收取的薪金，比我能夠賺到的少很多。那就是我對他們的承諾。他們對我的承諾又在哪裏？

牧師：問得好。不過讓我們將焦點放回你自己身上。讓我們回到你為甚麼為那個機構服務這個問題吧。我想聽聽你對為基督教機構服務的期望。我在想這些期望是否和你的失望有連繫。

評論：這是一個很好的介入。將焦點集中在比爾，而不是他以前的僱主身上。這也為他的問題引入一個重要的歷史角度，並將目前的問題聯繫到某個歷史背景中。最後，這樣也引入一個討論方向，讓牧師可以更明白，比爾對自己被解僱和他正在經歷的怨恨，有甚麼屬靈回應。

在回答牧師問他最初為甚麼想在基督教機構工作時，比爾表示他希望事奉神和為世界帶來改變。他曾經在外面的廣告公司做過幾份不同工作，對那些工作感到不大滿意。他對廣告業的操控性質也感到困擾，正打算離開這個行業，做一些完全不同的工作。就在那時，那個基督教機構請他做那份工作。他說有機會將自己的才能貢獻給基督教機構，感到很興奮。他有興趣和基督徒工作，也是因為他以為自己會比在他以前工作的地方，得到更公平的對待。

牧師：你在以前的工作曾經受到不公平對待嗎？

評論：這是一個很好的問題。牧師嘗試為比爾現時的關注確立一個背景。如果比爾過去曾經受到僱主不公平對待，有可能他也需要為這次在工作上的失敗負上部分責任。

比爾：從未試過好像最後這份工作那麼糟。我以前服務時間最長的公司在應該升我職時沒有這樣做，升了另一個沒有我那麼合資格的人。當時我感到失望，但最終明白我不能期望有公平。我想這正是我希望在基督教機構工作的主要原因。我真的希望可以有比在其他機構工作時好的經歷。

牧師：那是否好像是你生命的某種模式——對不公平的人感到失望？決定不能期望有公平，似乎表示你曾有過這種經驗。

比爾：[停了很久後]我相信我從沒有想過那是一個模式，但可能的確是這樣。我肯定有和不公平的人交往的經驗，我也相信我的確很快便對別人感到失望。我希望那不是事實，但大部分人都似乎不能達到他們為別人定下的標準，而我似乎很快便清楚看見這種事情。我太太說我有一個對虛偽敏感的鼻子。這可能是咒詛多於祝福。但我想她是對的。

牧師：你發現人生並不公平，大部分人都能說不能做後，你有甚麼反應？這發現有沒有改變你對教會、甚至對神的看法？

評論：這是另一次嘗試轉向比爾經驗的靈性一面。牧師不想單單進行臨牀會面。她希望找出比爾的掙扎有甚麼屬靈含意，以及可能對他最有幫助的屬靈資源。

比爾：恐怕的確有改變。我不會一概而論，但如果我誠實的話，我便需要承認，我對基督徒的期望的確減低了。雖然我不認為自己對神感到憤怒，但卻感到和祂沒有以前那麼親近。我認為整個經驗令我變得內向，遠離別人。我可能也與神疏遠了，雖然我察覺不到。我想我可能有點專注於自己——至少我太太這樣告訴我。

牧師：但你仍然和我接觸，告訴我你的掙扎，要求和我談話。所以你仍未完全放棄教會或別人。

比爾：那是真的。我想我儘可能誠實地回答你的問題，是因為我不喜歡看到發生在我身上的事情。我不喜歡自己對前任上司感到憤怒，我不喜歡這憤怒令我對基督教機構懷有怨恨，我不喜歡這憤怒令我不信任所有基督徒，我不喜歡這憤怒令我感到自己離神很遠。

牧師：你現在想和我集中討論哪一點？

評論：這是一個好問題。沒有這個問題，牧師可能根據自己認為是最重要的事，決定會面的方向。但比爾有權圍繞他認為最重要的事情展開這次談話。這是輔導的本質，也是輔導和大部分其他牧養事工的一個主要分別。

比爾：唔，我想正確的答案是我對神的感受，但實際上，我覺得自己最需要幫助的是，我對前任上司的感受。那是我真正感到困擾的地方。

牧師：那麼這絕對應該是我們的焦點。告訴我你感到困擾是甚麼意思。

比爾回答說，他嘗試饒恕他的前任上司，但仍然繼續感到憤怒。當牧師問他，他嘗試饒恕前任上司甚麼時，他說得很籠統。接著牧師提議他花幾分鐘列出一些具體的事情，是他感到因為被辭退而蒙受的損失。[2]結果證實這頗為有幫助。他列出的事項包括：

- 我對自己能力的感覺——這是我人生中第一次真正的失敗
- 好些朋友——由於我不再在工作時見到他們，我已經和他們失去聯絡
- 為世界帶來改變的感覺
- 花時間做對我的基督徒委身十分重要的工作的能力
- 我對一個人成為基督徒可以有的改變所抱有的盼望
- 我信任別人的能力

接著牧師問他，哪一樣是最重大的損失。

比爾：毫無疑問，那是我對成為基督徒能夠為生命帶來改變的失望。需要承認這點的確令我憂愁，但我們似

乎受到我們自己的花言巧語欺騙。信仰可能會改變我們與神的關係，但對人的本性以及他們怎樣和別人相處，信仰卻似乎沒有帶來多大改變。我希望情況並非這樣，但現在我相信事實正是這樣，感到很困擾。

牧師：在你感到因為自己被解僱而蒙受的損失中，這似乎是你最大的損失。真正的屬靈改變現在似乎只是天真的盼望。但如果這是真的話，一定令你很難過。

比爾：那正是令我感到最憂傷的事。我想我知道自己的感受不是很好地反映了現實，但我已經失去了盼望。

牧師：甚麼能夠令你恢復盼望？

比爾：我想我需要看到有人有真正的改變——我指的是真正的改變。

牧師：對你來說，真正的改變是怎樣的？

評論：這是一個好問題。這個問題將討論從沒有用的抽象（一般來說會有說服力的那種改變）轉到個人的具體事情（他自己最渴望出現在自己身上的那種改變）。

比爾：噢，這真是一個好問題！[停了很久後]我想我需要經驗神幫助我真正饒恕我的前任上司。那是我真正想做的事情，但也是我感到那麼困擾的事情。

牧師：如果你感到那是你真正想做的事情，讓我們花點時間一起禱告，祈求神給予你感到自己需要的幫助，好嗎？

比爾：我樂意這樣做。

接著牧師作出一個簡短的禱告。她祈求比爾得到恩賜，明白接受饒恕是怎樣一回事，並因而明白饒恕別人是一回怎樣的事。接著他們繼續交談。

比爾：你祈求我能夠明白接受饒恕是怎樣一回事時，我很感興趣。我突然發覺的是，神對我的感覺一定好像我對前任上司的感覺一樣。我令神失望，沒有達到祂對我的期望，現在又那麼難饒恕別人。但當我看到自己需要神饒恕時，我便知道我已經得到饒恕。我對此真的沒有懷疑。而由於我已經得到饒恕，我也可以同樣饒恕別人。這真的帶來很大的改變。

牧師：我認為的確是這樣。當我不能因為別人對我做了一些事情而饒恕他們時，便發覺自己跑到神那裏，接受祂的饒恕。這樣我便記起饒恕是甚麼——將神的愛傳遞給別人，神已經將那愛賜給我。

比爾：我預備好這樣做。事實上，我感到自己已經這樣做了。

牧師：這樣的話，你是否願將這饒恕轉為為那個人禱告？你甚至不用大聲禱告，但你真的不能抓緊自己的憤怒，同時又祈求他得到祝福。你準備好這樣做嗎？

比爾：絕對準備好。我想現在就大聲和你這樣禱告。

這樣做後，牧師問比爾，有沒有感到已經得到他要求和牧師談話時希望得到的幫助，或者有沒有其他方面是她可以幫助比爾的。比爾表示他感到這節輔導對他很有幫助，他再沒有其他要求。他主動告訴牧師，他會讓她知道事情的進展。他也已經感到自己和神及教會的關係都改變了，證明他的饒恕是真實的。牧師回應說，雖然那饒恕毫無疑問是真實的，但卻可能還未完全結束。她鼓勵比爾預備好以同樣的釋放和祝福前任上司的禱告，再次面對怨恨的感覺。接著他們結束這節輔導。

幾個星期後，比爾再和牧師談話。他告訴牧師那一節輔導是他需要的突破。他偶然仍然為自己感到難過，也有一兩次在想到那情況或他的前任上司時感到憤怒。不過，那些感受沒有以前那麼強烈，每一次失望或憤怒來襲，他都能夠應付。他也表示自己繼續感到和神更親近，而且特別因為明白蒙神饒恕是怎麼一回事而感到高興。

牧者提供的很多輔導，都不符合精神健康輔導員描述的框架。會面往往沒有經過預先安排，很多時都比較非正式，而且不在辦公室進行。會友甚至可能在結束交談時，仍然沒有察覺自己「正在接受輔導」。而且這樣的會面往往不足四十分鐘。

策略性牧養輔導很能夠配合這些簡短、不太正式的輔導。牧者一旦吸收了這個模式的基本結構，便可以用多種不同方式實行出來。

牧者需要學習使用他們已經定期使用的簡短「輔導」談話，而不是嘗試驅使別人接受更正式的輔導。策略性牧養輔導正能夠容許牧者這樣做。同時，這種輔導也為以包括多次會面的較傳統輔導方式提供輔導的牧者提供一個有用的框架。重點是不能將輔導限制在任何一種形式之中。策略性牧養輔導可以同樣好地配合這兩種情況。

註釋：

1. 這個個案研究的一個簡略版本曾經在 Benner 及 Harvey（1996）的合著中發表。
2. 這是相遇階段的情緒工作的一個好例子。個人不能在饒恕中釋放的憤怒，往往和對在受到傷害時失去的東西感到哀傷，而又未經解決有關。牧師在這裏提出的問題，顯示她十分明白這個原理。

附錄

牧養輔導中的道德考慮

牧養輔導員和其他輔導員一樣，必須留意和輔導有關的道德問題。那些有專業輔導團體（也就是美國牧養輔導員協會[the American Association of Pastoral Counselors]、美國婚姻和家庭治療師協會[the American Association of Marriage and Family Therapists]、美國心理學協會[the American Psychological Association]或基督教心理學研究協會[the Christian Association of Psychological Studies]）會員資格的人已經要向有關組織的道德守則負責。不過，所有提供輔導的牧者，無論有沒有這些會員資格，都需要熟悉輔導的道德準則。

主要輔導團體製訂的道德守則有很多共通之處。不過，由牧養輔導員製訂的道德守則對牧者特別有幫助。我個人推薦美國牧養輔導員協會的道德守則，並鼓勵所有牧養輔導員熟習這些守則。這些守則可以在www.aapc.org/ethics.htm這個網頁找到。

以下五條指引雖然並不全面，但卻可以作為牧養輔導的道德操守的參照：

1. **維護輔導對象的權利**。這包括（但並不只限於）有權表達同意一起進行的事情的所有方面，有權自行作出決定，不受任何操控或強制，有權不受騷擾或歧視，有權不受不必要或好奇的侵犯私隱，以及有權保密。

2. **避免有雙重角色的關係**。輔導員維護輔導對象權利的其中一個方法是避免輔導自己的好朋友、生意或工作伙伴，或與自己有任何持續交往的人。應該將這些人轉介給別人，即使他們反對這樣做。

3. **避免在輔導關係中產生愛情或有性行為**。這條指引可能顯得顯而易見，但越出這條道德界線的情況仍然相當普遍。沒有任何藉口容許輔導員這樣欺負輔導對象。如果有任何越出界線的行為，都必須立即結束輔導關係。

4. **留意自己的限制**。所有輔導員都有限制。有道德的輔導員都十分留意這些限制，不會做自己能力以外的事情。牧者可以透過諮詢、監督或進行適當的轉介，不超越自己能力的界限。

5. **保持個人問責的關係**。輔導的道德守則在緊密的問責下，而不是單靠熟習標準和指引，才最能夠實現和維持。這種關係應該在教會和信仰羣體中開始，但也應該伸展到好像美國牧養輔導員協會等專業輔導團體的會籍。問責也可以透過持續徵詢其他有經驗輔導員的意見，以及接受他們監督而實現。最理想的是，這種關係涉及其他牧養輔導員，但也不應該忽略和其他有經驗的輔導員及心理治療師可能建立的關係。

參考書目

Adams, J. 1970. *Competent to counsel*. Grand Rapids: Baker.

Aden, L. 1988. *Pastoral care and the gospel*. In *The church and pastoral care*, edited by L. Aden and J. Harold Ellens. Grand Rapids: Baker.

Aden, L., and J. H. Ellens, eds. 1988. *The church and pastoral care*. Grand Rapids: Baker.

Allen, D. 1981. *The traces of God in a frequently hostile world*. Cambridge, Mass.: Cowley Publications.

Benner, D. 1983. The incarnation as a metaphor for psychotherapy. *Journal of Psychology and Theology* 11: 287～294.

________. 1988. *Psychotherapy and the spiritual quest*. Grand Rapids: Baker.

________. 1998. *Care of souls: Revisioning Christian nurture and counsel*. Grand Rapids: Baker.

________. 1999. Fees for psychotherapy. In *Baker encyclopedia of psychology and counseling*, edited by D. Benner and P. Hill. 2nd ed. Grand Rapids: Baker.

________. 2002. *Sacred companions: The gift of spiritual friendship and direction*. Downers Grove, Ill.: InterVarsity.

Benner D., and R. Harvey. 1996. *Understanding and facilitating forgiveness*. Grand Rapids: Baker.

Buber, M. 1965. *The knowledge of man*. London: George Allen & Unwin.

Campbell, A. 1985. *Paid to care: The limits of professionalism in pastoral care*. London: SPCK.

Childs, B. 1990. *Short-term pastoral counseling*. Nashville: Abingdon.

Clebsch, W., and C. Jaekle. 1964. *Pastoral care in historical perspective*. Englewood Cliffs, N. J.: Prentice-Hall.

Clinebell, H. 1984. *Basic types of pastoral care and counseling*. Nashville: Abingdon.

Close, H. 1998. Pastoral care for an unconscious person. *Journal of Pastoral Care* 52, no. 2:175～181.

Crabb, L. 1977. *Effective biblical counseling*. Grand Rapids: Zondervan.

________. 1997. *Connecting: Healing for ourselves and our relationships*.

Nashville: Word.

_______. 2002. *The pressure's off*. Colorado Springs: WaterBrook Press.

Danco, J. 1982. The ethics of fee practices: An analysis of presuppositions and accountability. *Journal of Psychology and Theology* 10: 13 ～ 21.

Eschmann, H. 2000. Toward a pastoral care in a trinitarian perspective. *Journal of Pastoral Care* 54, no. 4:419 ～ 427.

Fenelon, F. 1980. *Spiritual letters to women*. New Canaan, Conn.: Keats.

Galindo, I. 1997. Spiritual direction and pastoral counseling: Addressing the needs of the spirit. *Journal of Pastoral Care* 51, no. 4:395 ～ 402.

Gurin, G., J. Verhoff, and S. Feld. 1960. *Americans view their mental health*. New York: Basic Books.

Hill, P. 1999. Religious health and pathology. In *Baker encyclopedia of psychology and counseling*, edited by D. Benner and P. Hill. 2nd ed. Grand Rapids: Baker.

Hiltner, S., and L. Colston. 1961. *The context of pastoral counseling*. New York: Abingdon.

Holifield, E. B. 1983. *A history of pastoral care in America*. Nashville: Abingdon.

Hulme, W. 1981. *Pastoral care and counseling*. Minneapolis: Augsburg.

James, W. 1902. *The varieties of religious experience*. New York: Longman, Green.

Kollar, C. 1997. *Solution-focused pastoral counseling*. Grand Rapids: Zondervan.

Lambert, M. J., and A. E. Bergin. 1994. The effectiveness of psychotherapy. In *Handbook of psychotherapy and behavior change*, edited by S. Garfield and A. Bergin. New York: Wiley.

Lewis, C. S. 1940. *The problem of pain*. London: Collins.

_________. 1961. *A grief observed*. New York: Bantam Books.

Malony, H. N. 1985. Assessing religious maturity. In *Psychotherapy and the religiously committed patient*, edited by E. M. Stern. New York: Hayworth.

__________. 1988. The clinical assessment of optimal religious functioning. *Review of Religious Research* 30, no. 1: 2 ～ 17.

Manning, B. 1990. *The ragamuffin gospel*. Sisters, Ore.: Multnomah.

May, G. 1982. *Will and spirit*. San Francisco: Harper & Row.

McNeil, J. 1951. *A history of the cure of souls*. New York: Harper & Row.

Nessan, C. 1998. Confidentiality: Sacred trust and ethical quagmire. *Jour-*

nal of Pastoral Care 52, no. 4: 349～357.

Nouwen, H. 1994. *Return of the prodigal son*. New York: Doubleday.

Oates, W. 1962. *Protestant pastoral counseling*. Philadelphia: Westminster.

_______. 1970. *When religion gets sick*. Philadelphia: Westminster.

Oden, T. 1966. *Kerygma and counseling*. Philadelphia: Westminster.

_______. 1984. *Care of souls in the classic tradition*. Philadelphia: Fortress.

Olthius, J. 1989. The covenanting metaphor of the Christian faith and the self psychology of Heinz Kohut. *Studies in Religion/ Sciences Religieuses* 18, no. 3: 313～324.

Peterson, E. 2002. *A long obedience in the same direction*. Downers Grove, Ill.: InterVarsity.

Propst, L. R. 1988. *Psychotherapy in a religious framework: Spirituality in the emotional healing process*. New York: Human Sciences.

Pruyser, P. 1976. *The minister as diagnostician*. Philadelphia: Westminster.

Rieff, P. 1966. *The triumph of the therapeutic*. New York: Harper & Row.

Rogers, C. 1961. *On becoming a person*. Boston: Houghton Mifflin.

Rohr, R. 1999. *Everything belongs: The gift of contemplative prayer*. New York: Crossroad.

Sharp, J. 1999. Solution-focused counseling: A model for parish ministry. *Journal of Pastoral Care* 53, no. 1: 71～79.

Shea, J. J. 1997. Adult faith, pastoral counseling, and spiritual direction. *Journal of Pastoral Care* 51, no. 3: 259～270.

Smedes, L. 1984. *Forgive and forget: Healing the hurts we don 掐 deserve*. New York: Pockets Books.

Stone, H. 1994. *Brief pastoral counseling: Short-term approaches and strategies*. Minneapolis: Fortress.

_______. 1999. Pastoral counseling and the changing times. *Journal of Pastoral Care* 53, no. 1: 31～45.

_______, ed. 2001. *Strategies for brief pastoral counseling*. Minneapolis: Fortress.

Tan, S. Y. 1999. Cognitive-behavior therapy. In *Baker encyclopedia of psychology and counseling*, edited by D. Benner and P. Hill. 2nd ed. Grand Rapids: Baker.

Tan, S. Y., and J. Ortberg. 1995. *Understanding depression*. Grand Rapids: Baker.

Thomas, F. 1999. Competency-based relationship counseling: The necessity of goal setting and counselor flexibility in efficient and effective couple counseling. *Journal of Pastoral Care* 53, no. 1: 87 ~ 99.

Tozer, A. W. 1993. *The pursuit of God*. Camp Hill, Pa.: Christian Publications.

Verhoff, J., R. Kukla, and E. Dorran. 1981. *Mental health in America*. New York: Basic Books.

Wicks, R., R Parsons, and D. Capps, eds. 1985. *Clinical handbook of pastoral counseling*. New York: Paulist Press.

Westberg, G. 1979. *Theological roots of wholistic health care*. Hinsdale, Ill.: Wholistic Health Centers.

Yancey, P. 1988. *Disappointment with God*. Grand Rapids: Zondervan.